AF237987

José-Román Flecha Andrés

ANCLADOS
EN LA ESPERANZA

NARCEA, S.A. DE EDICIONES

José-Román Flecha Andrés ha publicado en esta colección:

· **De camino con María**

© NARCEA, S.A. DE EDICIONES, 2025
Paseo Imperial 53-55. 28005 Madrid. España
www.narceaediciones.es

ISBN papel: 978-84-277-3261-2
ISBN ePdf: 978-84-277-3262-9
ISBN ePub: 978-84-277-3263-6
Depósito legal: M-5400-2025

Impreso en España. Printed in Spain

Queda prohibida, salvo excepción prevista en la ley, cualquier forma de reproducción, distribución, comunicación pública y transformación de esta obra sin contar con autorización de los titulares de la propiedad intelectual. La infracción de los derechos mencionados puede ser constitutiva de delito contra la propiedad intelectual (arts. 270 y sgts. Código Penal). El Centro Español de Derechos Reprográficos (www.cedro.org) vela por el respeto de los citados derechos.

"Glorificad a Cristo el Señor en vuestros corazones,
dispuestos siempre para dar explicación
a todo el que os pida una razón de vuestra esperanza".
(1 Pedro, 3,15)

"La imagen del ancla es sugestiva
para comprender la estabilidad y la seguridad
que poseemos si nos encomendamos al Señor Jesús,
aun en medio de las aguas agitadas de la vida.
Las tempestades nunca podrán prevalecer,
porque estamos anclados en la esperanza de la gracia,
que nos hace capaces de vivir en Cristo
superando el pecado, el miedo y la muerte.
Esta esperanza, mucho más grande que las satisfacciones
de cada día y que las mejoras de las condiciones de vida,
nos transporta más allá de las pruebas
y nos exhorta a caminar sin perder de vista la grandeza
de la meta a la que hemos sido llamados, el cielo".

FRANCISCO
Bula *Spes non confundit, n. 25*

ÍNDICE

Introducción. La esperanza y sus hermanas 9

Desafíos a la esperanza 17

Creer es esperar 27

Un pueblo que camina 35

Solo en Dios esperamos 45

El rostro de la esperanza cristiana 55

La oración que ensancha el corazón 63

La compasión que crea esperanza 71

Vendrá a juzgar a vivos y muertos 79

María de la esperanza 89

La esperanza y la salvación 97

Ante el Jubileo del año 2025 109

Oración del Jubileo 2025 117

Bibliografía 119

INTRODUCCIÓN
LA ESPERANZA
Y SUS HERMANAS

Si las esperanzas de Occidente se dirimen entre un "capitalismo más humano o un socialismo liberal, no parece que vayamos por buen camino"[1]. Así se expresaba el ensayista de origen judío George Steiner, Premio Príncipe de Asturias de Comunicación y Humanidades 2011.

Posteriormente, el académico y político Giulio Tremonti nos ha advertido de los signos que suscitan el temor ante la crisis global que se avecina y nos ha señalado los caminos de esperanzas que se pueden vislumbrar en este momento[2].

El tema de la esperanza vuelve a estar de actualidad. Tanto la persona como la sociedad se definen por el objeto y el tono de sus esperanzas. Eso es lo que buscamos al orientar nuestros ojos hacia una de-

---

[1] Así se recogía en el periódico *El Mundo* del 23 de octubre de 2007.

[2] Cf. G. TREMONTI, *La paura e la speranza*, Milán 2008.

terminada filosofía o hacia una propuesta política. "El porvenir de la humanidad está en manos de quienes sepan dar a las generaciones venideras razones para vivir y razones para esperar". Esas palabras del Concilio Vaticano II (GS 31), que reproducen un famoso pensamiento de Teilhard de Chardin, reflejan la realidad de las expectativas humanas.

Según el *Catecismo de la Iglesia Católica*, "la esperanza es la virtud teologal por la que aspiramos al reino de los cielos y a la vida eterna como felicidad nuestra, poniendo nuestra confianza en las promesas de Cristo y apoyándonos no en nuestras fuerzas, sino en los auxilios de la gracia del Espíritu Santo" (n.1817).

LA MANO DE LA FE

En el conocido poema *El pórtico del misterio de la segunda virtud*, que Charles Péguy (1873-1914) dedica a la esperanza, esta virtud asombra al mismo Dios[3]. La pequeña niña esperanza, tan juguetona y al parecer tan despreocupada, camina de la mano de sus dos hermanas mayores: la fe y la caridad.

En el poema, Dios se pregunta si son ellas las que guían a la pequeña o es la esperanza la que arrastra a la fe y a la caridad. Pero, admirado por la ingenuidad y por la osadía de la esperanza, el mismo Dios concluye afirmando que esta pequeña niña esperanza atravesará los mundos.

---

[3] Ch. PÉGUY, "Le porche du mystère de la deuxième vertu", en *Œuvres poétiques completes*, Paris 1975, pp. 527-670.

© narcea, s. a. de ediciones

Pues bien, en la encíclica *Spe salvi*, es decir *Salvados en esperanza*, firmada por el papa Benedicto XVI el día 30 de noviembre de 2007, la virtud de la esperanza se presenta unida a la fe y al amor, por estar íntimamente unida a Dios. De los paganos, en cambio, se puede decir que estaban sin esperanza y sin Dios (Ef 2,12).

Ese texto, citado al menos cuatro veces a lo largo de la encíclica, subraya una característica inolvidable de la fe cristiana. Por ello, es oportuno evocar por un momento esas dos "manos" a las que se agarra la niña esperanza.

En primer lugar, la mano de la fe. El papa Benedicto XVI recuerda que la carta a los Hebreos une estrechamente la plenitud de la fe (Heb 10,22) con la firme confesión de la esperanza (Heb 10,23). La esperanza cristiana, en efecto, no es homologable con el optimismo. Por fuerte que parezca, el optimismo se apoya solamente en las posibilidades humanas. Pero la esperanza encuentra su fundamento en las promesas gratuitas de Dios.

Ahora bien, esas promesas de Dios no están flotando en el aire ni encuentran fácil justificación en un sentimiento humano, individual e intimista. La promesa de Dios ha comenzado a realizarse en Jesucristo, en su vida y en su palabra. "Dios se ha manifestado en Cristo. Nos ha comunicado ya la 'sustancia' de las realidades futuras y, de este modo, la espera de Dios adquiere una nueva certeza" (SS 9).

La dimensión cristológica de la fe y de la esperanza reclama inmediatamente un ámbito eclesial de vivencia y ejercicio. Si no se puede creer a solas, tampoco se puede esperar en solitario el cumplimiento de las promesas de Dios. La esperanza cristiana "es la espera, ante la presencia de Cristo, con Cristo presente, de que su Cuerpo se complete, con vistas a su llegada definitiva" (SS 9).

La vivencia eclesial de la espera en la parusía del Señor brota de la fe en Jesucristo y, a su vez, mantiene esa fe viva y activa. La esperanza no justifica la evasión de este mundo, puesto que la "obediencia de la fe" implica el compromiso de la fe. La *promissio Dei* determina la *missio Ecclesiae*, como ya subrayaba Jürgen Moltmann en su famosa *Teología de la esperanza* (1964)[4]. Con razón se puede decir que para el cristiano esperar es operar.

LA MANO DE LA CARIDAD

La esperanza va también agarrada a la mano de la caridad. El papa Benedicto XVI, que había dedicado su primera encíclica, *Deus caritas est*, a la virtud del amor, no podía olvidar esa dimensión fundamental de la existencia humana y cristiana.

Recordando un texto del novelista Jean Giono (1895-1970), el Papa rechaza la acusación de individualismo que se ha dirigido a veces a la esperanza cristiana.

---

[4] Cf. J. MOLTMANN, *Teología de la esperanza*, Salamanca, 2006[7].

© narcea, s. a. de ediciones

Ya en la primera parte de esta segunda encíclica recuerda él que la esperanza en la vida eterna comporta estar unidos existencialmente en un "pueblo". Refiriéndose a la dimensión dialogal de la esperanza, el Papa escribe que esta solo puede realizarse para cada persona en el marco de una relación interpersonal. Estas consideraciones parecen evocar el pensamiento de Gabriel Marcel, según el cual la esperanza no tiene sentido si no es la afirmación de un "nosotros" en una experiencia de comunión[5].

Evidentemente este carácter comunitario hunde sus raíces en la misma estructura antropológica del esperar. Pero es especialmente notable en la esperanza iluminada por la fe cristiana. Por eso puede añadir el Papa que la orientación hacia la vida eterna "supone dejar de estar encerrados en el propio 'yo', porque solo la apertura a este sujeto universal abre también la mirada hacia la fuente de la alegría, hacia el amor mismo, hacia Dios" (SS 14).

La apertura de la esperanza a una dimensión comunitaria se explicita todavía más en la segunda parte de la encíclica. Los "lugares" de aprendizaje y del ejercicio de la esperanza son impensables sin esta referencia al amor. La oración, en efecto, ensancha el corazón para recibir a Dios y acoger a los demás. El sufrimiento humano evoca la *com-pasión* de Dios hacia el hombre y abre al creyente al ejercicio de la *con-solación*. La meditación del juicio de Dios

---

[5] Cf. G. MARCEL, *Homo Viator*, Paris 1963, pp. 9 y 77.

sobre la historia no es un motivo de pavor sino una ocasión privilegiada para suscitar el compromiso responsable del cristiano en el mundo.

RAZÓN DE LA ESPERANZA

El profesor Pedro Laín Entralgo presentó con frecuencia al ser humano como un ser *pístico, elpídico y agápico*[6], es decir un ser que, por su misma naturaleza cree y necesita ser creído, espera y desea ser esperado, y ama y espera ser amado. Eso significa que la persona está constitutivamente fundada en la fe, la esperanza y la caridad. El ser humano lo es en cuanto confía, aguarda y se abre a los demás en el amor.

El *Catecismo de la Iglesia Católica* reconoce esa base antropológica de la esperanza y subraya la acogida y la superación que le ofrece la fe: la virtud de la esperanza corresponde al anhelo de felicidad puesto por Dios en el corazón de todo hombre: asume las esperanzas que espera las actividades de los hombres; las purifica para ordenarlas al reino de los cielos; protegen del desaliento; sostiene en todo desfallecimiento; dilata el corazón en la espera de la bienaventuranza eterna. El impulso de la esperanza preserva del egoísmo y conduce a la dicha de la caridad" (n.1418).

Pues bien, también en la encíclica *Salvados en esperanza*, la pequeña niña esperanza camina de la

---

6 Cf. P. LAÍN ENTRALGO, *Creer, esperar, amar*, Barcelona 1993.

 © narcea, s. a. de ediciones

mano de sus dos hermanas mayores, la fe y la caridad. Tanto la Iglesia como los cristianos han de encontrar en esa compañía, en ese trío, un criterio de discernimiento a la hora de examinar su fidelidad al mensaje evangélico, su vocación evangelizadora y su vocación de servicio.

De todas formas, los seguidores de Jesucristo tenemos que recordar cada día de nuestra vida que hemos de estar siempre dispuestos a dar respuesta a todo el que nos pida razón de nuestra esperanza (1 Pe 3,15). Sobre esa vocación se pretende reflexionar en estas páginas.

DESAFÍOS
A LA ESPERANZA

El día 30 de noviembre del año 2007 el Papa Benedicto XVI publicaba su segunda carta encíclica, que en muchos aspectos resultaba muy parecida a la anterior.

Como se sabe, su primera encíclica llevaba por título *Deus caritas est*, es decir "Dios es amor". En primer lugar, evocaba la dimensión humana del amor como búsqueda erótica (*eros*), como amistad (*filía*) y como entrega personal (*agape*). Pero, sobre todo, se dedicaba a la meditación del amor de Dios y a la reflexión sobre el amor que sus hijos estamos llamados a mostrar a todos nuestros hermanos[1].

La segunda carta encíclica de Benedicto XVI nos recuerda con palabras de san Pablo que "en esperanza hemos sido salvados" (Rom 8,24).

---

[1] Cf. J.R. FLECHA (coord.), *Dios es amor. Comentarios a la Encíclica de Benedicto XVI, Deus caritas est*, Universidad Pontificia, Salamanca 2007.

UN DIÁLOGO IMPORTANTE

Durante la segunda parte del siglo XX el tema de la esperanza adquirió una gran importancia en el diálogo cultural y en la vida cristiana. Las causas de esta atención generalizada a la esperanza fueron muchas. Recordemos al menos cuatro.

1. En primer lugar, el recuerdo de las dos guerras mundiales llevó a muchos a pensar que el futuro no podía ofrecer nada bueno. Tanto las personas individuales como los gobiernos de las naciones habían depositado sus sueños y esperanzas en el continuo progreso de la civilización. Sin embargo, el desarrollo de los hechos y la tragedia de la guerra dejaban a las claras adónde podía arrastrar el orgullo colectivo.

2. Además, el predominio del uso de las máquinas en el mundo moderno se presentaba como una amenaza temible e inhumana. El filósofo Emmanuel Mounier había escrito un pequeño ensayo que llevaba el significativo título de *El pequeño miedo del siglo XX*[2].
En aquella obra analizaba el sentido del progreso a la luz de la fe cristiana y reflejaba bien a las claras el terror que producía la invasión de las máquinas. Le parecía a él que el ser humano se despersonalizaba por momentos, pero trataba de encontrar razones para superar el temor.

---

[2] E. MOUNIER, "El pequeño miedo del siglo XX", en *Obras completas*, III, Salamanca 1990, pp. 359-448.

 © narcea, s. a. de ediciones

Pues bien, andando el tiempo, las máquinas han terminado por sustituir a las personas en muchos servicios públicos. Es cierto que han llegado para ahorrar muchos esfuerzos y potenciar las capacidades humanas. Pero también es evidente que eliminan puestos de trabajo y, sobre todo, que con frecuencia nos impiden dialogar con las personas que quisiéramos encontrar.

3. Por otra parte, la filosofía existencialista afirmaba que el hombre no es más que un "ser para la muerte", como escribía Martín Heidegger. Es verdad que algunos otros pensadores, como Gabriel Marcel, insistían en afirmar el carácter positivo y esperanzador que supone la constitución del hombre como "ser en camino". Ese es precisamente el título de una de sus obras[3]. Pero, en líneas generales, el existencialismo generó y reflejó una gran desconfianza respecto al ser humano y sus posibilidades.

4. Finalmente, hay que recordar al marxismo, que se presentaba como una formidable filosofía de la esperanza. Al menos en teoría, prometía a los marginados de todo el mundo un horizonte de felicidad y de paz. Es cierto que ese futuro había que alcanzarlo por medio de la lucha de clases. La violencia era el camino para el logro de la justicia social. Al marxismo le parecía que Dios era un estorbo y que la religión no era más que el opio del pueblo.

---

[3] G. MARCEL, *Homo viator*, Paris 1963.

© narcea, s. a. de ediciones

El filósofo Ernst Bloch publicó un libro que llevaba por título *El principio esperanza*. En él analizaba el arte, la literatura y los mitos a partir de la clave de la esperanza humana. Aunque a algunos marxistas les resultara incómodo, también él se mantenía fiel a sus ideales al escribir que "Donde esté Lenin allí está la nueva Jerusalén". Para la mayor parte de los marxistas, la esperanza cristiana en el más allá no hacía más que alienar a las gentes para que olvidaran el más acá.

Bien es verdad que la obra suscitó el diálogo de un teólogo luterano como Jürgen Moltmann y de varios teólogos católicos como Karl Rahner, René Laurentin y Ladislao Boros. En el ámbito español se han distinguido Juan Alfaro, Juan Luis Ruiz de la Peña, Olegario González de Cardedal y más recientemente María Daniela Biló. En Portugal, es preciso destacar al profesor Vitor Novais.

LA FUERZA DE LA ESPERANZA

A la tópica acusación a la esperanza, como si alejara al ser humano del compromiso social en el presente, el Concilio Vaticano II respondió en el marco del diálogo con el ateísmo moderno. Es ahí donde recuerda que "la esperanza escatológica no merma la importancia de las tareas temporales, sino que más bien proporciona nuevos motivos de apoyo para su ejercicio" (GS 21).

La misma constitución pastoral sobre la Iglesia en el mundo moderno habría de dedicar el capítulo III

© narcea, s. a. de ediciones

al estudio de la actividad humana en el mundo. Precisamente, en la conclusión de aquellas reflexiones, afirma el Concilio que la esperanza en el más allá no disminuye la fuerza de la esperanza, sino que la alimenta, la motiva y la orienta:

"La espera de una tierra nueva no debe
amortiguar, sino más bien aliviar,
la preocupación de perfeccionar esta tierra,
donde crece el cuerpo de la nueva familia
humana, el cual puede de alguna manera
anticipar un vislumbre del siglo nuevo.
Por ello, aunque hay que distinguir
cuidadosamente progreso temporal
y crecimiento del reino de Cristo,
sin embargo, el primero, en cuanto puede
contribuir a ordenar mejor la sociedad
humana, interesa en gran medida al reino
de Dios" (GS 39).

Después de estas dos afirmaciones de hondo calado doctrinal, el Concilio se detiene a enumerar algunos de los bienes de esta vida y los considera a la luz de la fe trinitaria para concluir afirmando la plenificación gloriosa de todo lo creado:

"Los bienes de la dignidad humana,
la unión fraterna y la libertad; en una
palabra, todos los frutos excelentes
de la naturaleza y de nuestro esfuerzo,
después de haberlos propagado por
la tierra en el Espíritu del Señor y de
acuerdo con su mandato, volveremos
a encontrarlos limpios de toda mancha,
iluminados y trasfigurados, cuando
Cristo entregue al Padre el reino eterno

y universal: 'reino de verdad y de vida; reino de santidad y gracia; reino de justicia, de amor y de paz'" (GS 39).

A partir del Concilio Vaticano II, tanto los protestantes como los católicos intentaron dialogar con los hombres y mujeres de buena voluntad y presentar el verdadero rostro de la esperanza cristiana. En la carta apostólica *Tertio millennio adveniente* el papa Juan Pablo II escribía que "la actitud fundamental de la esperanza mueve al cristiano a no perder de vista la meta final que da sentido y valor a su entera existencia, y le ofrece motivaciones sólidas y profundas para el esfuerzo cotidiano en la transformación de la realidad para hacerla conforme al proyecto de Dios"[4].

El mismo Papa dedicaría a esta virtud uno de los años de preparación al Gran Jubileo del año 2000 y más tarde, la exhortación apostólica *Ecclesia in Europa*, en la que anotaba algunos retos y signos de esperanza para la Iglesia en Europa[5].

LOS NUEVOS DESAFÍOS

Sin embargo, en los primeros años del nuevo milenio cristiano parecía haberse olvidado el mensaje de la esperanza cristiana. Y esto ocurría

---

[4] JUAN PABLO II, Carta apostólica *Tertio millennio adveniente* (10.11.1994) n. 46.
[5] JUAN PABLO II, Exhortación apostólica postsinodal *Ecclesia in Europa* (29.06.2003) nn. 7-12.

 © narcea, s. a. de ediciones

tanto en los países pobres cuanto en los ricos y poderosos.

A los países en vías de desarrollo les resulta difícil imaginar un mañana mejor cuando carecen de los recursos necesarios para asegurar una vida digna tanto en el plano personal como en el estructural.

Por otra parte, los países más desarrollados parece que han decidido depositar su esperanza sola y exclusivamente en la posesión de medios y de bienes que hacen la vida más cómoda y satisfecha.

Así pues, ha sido más que oportuna una carta encíclica dedicada a la virtud de la esperanza. Los que miran a la Iglesia desde fuera han visto este documento como un ataque a los ateos. Y algunos cristianos lo han visto como demasiado difícil. Los primeros parece que no pueden entender la hondura teológica de esta reflexión sobre el futuro que esperamos los cristianos. Y los segundos terminan por ignorar la exhortación que la carta del Papa les dirige.

Pues bien, el objetivo fundamental de esta segunda encíclica de Benedicto XVI podría resumirse en estos tres puntos:

- Trata de animar a los católicos a depositar a esperanza no en el progreso científico-tecnológico, sino solamente en las promesas y en la providencia de Dios, que nos ha sido revelado en Jesucristo.

- Nos exhorta, además, a superar la posible tentación de alimentar una esperanza puramente individualista, y a abrir nuestro corazón a Dios y a los demás, por medio del recurso a la oración y al compromiso social.

- Nos invita a aprender las lecciones del dolor, a hacernos cercanos a los que sufren, y a creernos de verdad la última afirmación del Credo, en la que anunciamos que Jesús vendrá a juzgar a los vivos y a los muertos.

EL CAMINO DE LA ESPERANZA

El papa Francisco publicó la Bula convocatoria del Jubileo Ordinario del año 2025, que lleva por título *Spes non confundit*, es decir, *La esperanza no defrauda*. Tras exponer el sentido de la virtud teologal de la esperanza, subraya el Papa la importancia y la urgencia de anunciarla y promoverla frente a los dramas de la guerra, del invierno demográfico y de la explotación y destrozo de la casa común.

"En un mundo donde la prisa se ha convertido en una constante", a lo largo de este año jubilar habrá que reflexionar sobre las necesidades de las personas y de los grupos sociales que necesitan urgentemente el anuncio y la acción que requiere la esperanza.

El papa Francisco desea que el Jubileo sea una nueva ocasión para reavivar la esperanza. "Los signos de los tiempos, que contienen el anhelo del corazón humano, necesitado de la presencia salvífica de Dios, requieren ser transformados en signos de esperanza".

 © narcea, s. a. de ediciones

El primer signo de esperanza deberá ser la paz para el mundo, que vuelve a encontrarse sumergido en la tragedia de la guerra. Otro signo habría de ser el amor a la vida, en un momento señalado por una preocupante disminución de la natalidad. Y añade: "En el Año jubilar estamos llamados a ser signos tangibles de esperanza para tantos hermanos y hermanas que viven en condiciones de penuria"[6].

Pautas para la reflexión

~ Preguntarse cuál de los movimientos filosóficos y culturales han dejado una huella más profunda en nuestra concepción de la esperanza.

~ Analizar los problemas que hacen difícil vivir de forma esperanzada tanto en los países desarrollados como en los países que se encuentran en vías de desarrollo.

~ Pensar en las motivaciones de la encíclica *Salvados en Esperanza* y reflexionar sobre la importancia que tiene cada una de ellas para la sociedad y para la comunidad cristiana.

---

[6] FRANCISCO, Bula *Spes non confundit* (09.05.2024) 10; en adelante se cita con las siglas SNC.

© narcea, s. a. de ediciones

CREER
ES ESPERAR

La encíclica *Spe salvi*, publicada por Benedicto XVI (30.11.2007), comienza afirmando que en muchos pasajes bíblicos las palabras "fe" y "esperanza" parecen intercambiables (SS 2). En efecto, en la *Carta a los Hebreos*, la "plenitud de la fe" se une a la "firme confesión de la esperanza" (Heb 10,23). Por otra parte, la obligación de dar razón de su esperanza equivale para los cristianos a dar razón de su fe (1 Pe 3,15).

Esta vinculación de las dos primeras virtudes teologales no es arbitraria. Creer no es solo afirmar un ramillete de verdades abstractas que parecen indemostrables por vía racional. Creer es, sobre todo, confiar en Dios. Y confiar es apoyarse en las promesas y en la fiel asistencia de Dios para afrontar el futuro que se abre ante nosotros.

La esperanza nos orienta efectivamente hacia el futuro. El futuro inmediato e histórico y, más allá de él, el futuro que se esconde detrás del paso de la muerte. Ahora bien, por la fe aceptamos como verdadera la palabra de Dios que nos promete una vida eterna.

VIVIR CON ESPERANZA

Benedicto XVI recuerda, con razón, que la fe cristiana incluye la esperanza en el Dios de la vida y del amor. Esa esperanza es don gratuito de Dios, pero comporta también la responsabilidad humana. La virtud de la esperanza es uno de los rasgos distintivos de la experiencia cristiana con relación al mundo pagano.

En la cultura greco-romana, impregnada de fatalismo y condicionada por la recurrencia cíclica de la naturaleza, la esperanza no podía ser pensada como una virtud. No era un bien, sino un mal. Era uno más entre los males que contenía la caja que Júpiter entregó a Pandora, nombre de la primera mujer de la mitología.

Por eso, san Pablo recuerda a los Efesios que antes de descubrir a Jesucristo no tenían ni esperanza ni Dios (Ef 2,12). Esa unión de las dos palabras es muy significativa. Según el Apóstol, el desconocimiento de Dios es el motivo de la falta de esperanza. Pero también es verdad lo contrario. Así pues, "llegar a conocer a Dios, al Dios verdadero, eso es lo que significa recibir esperanza" (SS 3).

En otro texto, que se lee con frecuencia en los funerales cristianos, el mismo Pablo aconseja a los Tesalonicenses que no se aflijan como los hombres sin

© narcea, s. a. de ediciones

esperanza (1 Tes 4,13). Como se ve, no pide a los cristianos que no lloren por sus difuntos, sino que su llanto no se parezca al de los paganos. Si los paganos son definidos por su carencia de esperanza, lo contrario se afirma de los cristianos, que han sido llamados a vivir en esperanza.

En contraposición con aquel nihilismo pagano, la fe cristiana dejaba constancia de una esperanza no sometida a la muerte. Con razón afirma el Papa que "solo cuando el futuro es cierto como realidad positiva, se hace llevadero también el presente" (SS 2).

EL LENGUAJE DE LA IMAGEN

En la encíclica se recuerda un antiguo epitafio latino en el que estaba escrito: "En la nada, de la nada, que pronto recaemos". Esta frase revela el pesimismo de una cultura que no había llegado a descubrir un horizonte más allá de la muerte.

El mundo pagano no podía esperar un futuro prometedor de vida. En los sarcófagos paganos se dejaba constancia de los años, meses y días que había vivido la persona para confiarla a los dioses familiares, como decía la abreviatura DM, es decir *diis manibus*. Los cristianos, anotaban el día, mes y año en que el difunto había sido allí depositado en la paz del Señor, como lo atestiguaba la sigla DP, es decir, *depositus in pace*. Los seguidores de Jesucristo sabían y creían desde el principio que su vida no caería en el vacío (cf. SS 2).

Es cierto que muy pronto aparecería también en los monumentos funerarios cristianos la imagen del ancla, con la que se identifica la fe y la esperanza en la *Carta a los Hebreos* (Heb 6,19). Sin embargo, el Papa alude a otras dos imágenes muy importantes:

- En los antiguos sarcófagos cristianos se esculpía con frecuencia la imagen de Jesús como maestro. La elección del tema no era insignificante. La fe enseñaba que Jesús es el único Maestro que puede indicar el camino de la verdad y de una vida que se alarga más allá de la muerte.

- En otras ocasiones, Jesús era representado como el buen Pastor. Esa imagen, que evocaba uno de los salmos más frecuentemente repetidos en la liturgia funeral (Sal 23), es muy significativa para la esperanza cristiana, como se afirma en la misma encíclica:

> "El verdadero pastor es Aquel que conoce también el camino que pasa por el valle de la muerte; Aquel que incluso por el camino de la última soledad, en el que nadie me puede acompañar, va conmigo guiándome para atravesarlo" (SS 6).

UNA CONFIANZA NUEVA

Más adelante dice el papa Benedicto XVI que la fe otorga a la vida una base nueva y una nueva confianza. Al poner su confianza solo en Dios, el cristiano gana una nueva libertad, puesto que la esperanza relativiza el valor de las cosas en las que habitualmente confiamos.

 © narcea, s. a. de ediciones

El creyente gana también un nuevo dinamismo y un nuevo motivo para su vocación misionera. En efecto, de esa fe en Dios brota para él no solo una gran esperanza sino también la capacidad para comunicar esperanza a los que viven sin ella.

De todas formas, el cristiano sabe que el futuro no se identifica con el optimismo humano ni con una simple utopía sin garantías. El futuro da sentido al presente. La promesa de vida que brota de la fe en Jesucristo "no es solamente una realidad esperada, sino una verdadera presencia" (SS 8).

La fe cristiana nos dice que Dios se ha manifestado ya en Jesucristo. La fe se apoya en la historia. La fe es la memoria de los hechos de la salvación. Los cristianos no somos unos pobres ilusos que se dejan engañar por sus propias fantasías. No buscamos lo que ignoramos. No esperamos lo desconocido.

En la vida y el mensaje, en la muerte y resurrección de Jesucristo, nuestra esperanza ha encontrado ya el anticipo de la promesa. "Se esperan las realidades futuras a partir de un presente ya entregado" (SS 9).

Creer en Jesucristo, vivo y resucitado, es, por tanto, la garantía de la existencia y la posibilidad de la vida eterna que nos ha sido prometida. Por consiguiente, dar testimonio de la fe en Jesucristo exige ser también portadores de la esperanza última para un mundo que se enreda casi siempre en la espera de lo inmediato.

Creer equivale a esperar el triunfo de la vida. Y esperar la vida definitiva significa confiar plenamente en el Señor, que es la fuente de la vida.

DE LA FE A LA ESPERANZA

En su carta apostólica *Porta fidei*, es decir *La puerta de la fe*, con la que convocaba a la celebración del año de la fe, el mismo papa Benedicto XVI afirmaba que "La fe crece cuando se vive como experiencia de un amor que se recibe y se comunica como experiencia de gracia y gozo. Nos hace fecundos, porque ensancha el corazón en la esperanza y permite dar un testimonio fecundo"[1].

No deberíamos olvidar esa afirmación: la fe ensancha el corazón en la esperanza y nos capacita para ser testigos de una vida nueva.

Unidas por el amor, la fe y la esperanza no pueden provocar o motivar en los cristianos un alejamiento del mundo y una indiferencia ante las necesidades de los hermanos.

En el mismo documento, proclamaba Benedicto XVI que "sostenidos por la fe, miramos con esperanza a nuestro compromiso en el mundo, aguardando 'unos cielos nuevos y una tierra nueva en los que habite la justicia' (2 Pe 3,13; cf Ap 21,1)" (PF 14).

A veces se dice que la esperanza solo es posible cuando se vive de la fe. El Papa parece garantizar la verdad de esa opinión. En efecto, en la misma carta escribe que "las pruebas de la vida, a la vez que permiten comprender el misterio de la Cruz y participar en los sufrimientos de Cristo (cf. Col 1,24), son

---

[1] Benedicto XVI, Carta apostólica *Porta fidei* (11.10.2011), p. 7.

© narcea, s. a. de ediciones

preludio de la alegría y la esperanza a la que conduce la fe: 'Cuando soy débil, entonces soy fuerte' (2 Cor 12,10)" (PF 15).

Pautas para la reflexión

~ Preguntarse por qué la fe puede vincularse con la esperanza, tanto en la experiencia humana como en el mensaje cristiano.

~ Recordar algunos epitafios actuales y ver si reflejan de alguna manera la experiencia y el mensaje de la esperanza cristiana.

~ Preguntarse por qué la esperanza en las promesas que Dios nos ha revelado en la vida y el mensaje de Jesucristo puede relativizar la importancia de las cosas en las que solemos poner nuestra seguridad.

Un pueblo
que camina

"En su bienaventuranza atraviesa felizmente las batallas con una rosa en la mano". Con estas palabras criticaba el escritor provenzal Jean Giono a la persona que ha encontrado en Jesús la alegría de saberse salvada. El autor sugería que en esa certeza encuentra la persona la paz, pero una paz para ella sola. Atravesar las tormentas cuidando de su florecita: he ahí la imagen más cruel de quien se desentiende del drama de este mundo.

Ese texto de Giono había sido citado hace años por el P. Henri de Lubac en su libro *Catolicismo*, en el que estudiaba las implicaciones sociales de la fe católica a partir de los textos de los antiguos Padres de la Iglesia. Aquel famoso teólogo trataba de demostrar que la fe y la esperanza tienen una inevitable dimensión social[1].

---

[1] H. De Lubac, *Catholicisme*, Paris 1965.

Pues bien, aquel mismo texto de Jean Giono ha sido recogido y corregido también por Benedicto XVI en su encíclica *Salvados en esperanza* para afirmar la dimensión comunitaria de esta virtud (SS 13).

ESPERANZA Y AMOR

Muchas veces se ha acusado a los cristianos de alimentar una esperanza tan individualista que los llevaría a olvidar las necesidades de todos los que les rodean. Si así fuera, esa esperanza no sería verdadera. De hecho, los textos bíblicos subrayan una y otra vez la dimensión comunitaria de la salvación.

La esperanza mantuvo al pueblo de Israel en su largo peregrinar por el desierto. La esperanza lo mantendría siempre en una actitud de vigilancia activa y de confianza en las promesas de Dios.

Juan Bautista había percibido que su pueblo estaba a la espera de un enviado por Dios. Pero sabía que él no podía atribuirse esa misión. Él era solamente el enviado para preparar el camino al que llegaba a salvar a las gentes. Por eso anunciaba: "El que viene detrás de mí puede más que yo" (Mt 3,11).

No se puede olvidar que ese mensaje del Bautista era ya una "buena noticia". El que venía detrás de él es el que ha recibido de Dios la fuerza y la luz, la gracia y la misericordia. Él es el único que puede salvar a la humanidad de su miseria y de su abatimien-

 © narcea, s. a. de ediciones

to. Él es el esperado y el que da sentido y realidad a nuestra esperanza[2].

Herederos del pueblo judío que, como tal pueblo se sentía llamado a aguardar al Mesías, los cristianos sabemos que "somos un pueblo que camina".

Esta dimensión comunitaria de la fe y de la esperanza estaba muy presente en los escritos de los antiguos Padres de la Iglesia. El Papa cita un texto en el que san Agustín, comentando a san Pablo (1 Tim 1,5), escribe que "la fe, la esperanza y la caridad conducen a Dios al que ora, es decir, al que cree, espera y desea"[3].

Benedicto XVI se refiere explícitamente a la *Carta a los Hebreos*, que en varios lugares habla de una ciudad, y por tanto de una salvación comunitaria. Refiriéndose a los hebreos, Dios no tiene reparo en llamarse su Dios: porque les tenía preparada una ciudad (cf. Heb 11,16; 12,22; 13,14) (SS 14).

A continuación, Benedicto XVI incluye un par de afirmaciones importantes sobre la dimensión comunitaria de la esperanza:

> "Esta vida verdadera, hacia la cual tratamos
> de dirigirnos siempre de nuevo, comporta
> estar unidos existencialmente en un
> 'pueblo' y solo puede realizarse para
> cada persona dentro de este 'nosotros'.

---

[2] Cf. J. R. FLECHA, "El esperado, seguido y entregado", en *Caminando en esperanza*, Salamanca 2025, pp. 21-32.

[3] SAN AGUSTÍN, *Carta 130, a Proba*, 13,24: una traducción de esta carta a Proba puede verse en *Obras de San Agustín*, XI, Madrid 1953, 52-87, esp., p. 79.

Precisamente por eso presupone dejar de estar encerrados en el propio 'yo', porque solo la apertura a este sujeto universal abre también la mirada hacia la fuente de la alegría, hacia el amor mismo, hacia Dios" (SS 14).

Si bien es cierto que la esperanza se identifica muchas veces con la fe, tampoco puede separarse de la caridad. La fe en Dios brota en el seno de una comunidad. Los llamados a vivir para siempre en el amor de Dios no pueden olvidar esa fuerza que los mantiene unidos. Y la esperanza no pueden ignorar la vocación y el itinerario de los hermanos.

Las tres virtudes teologales tienen una clara y necesaria referencia a la comunidad. Estar encerrados en el propio "yo" nos impide unirnos a ese sujeto universal que nos impulsa a "abrir la mirada hacia la fuente de la alegría, hacia el amor mismo, hacia Dios" (SS 14).

ESPERANZA Y RESPONSABILIDAD

Dicho esto, todavía ha de explicar la encíclica un punto muy importante. La comunidad que esperamos formar un día en el amor eterno de Dios no se improvisa de golpe. Y tampoco nos mantiene alienados de este mundo. Así que la dimensión comunitaria de la esperanza ha de ensayarse cada día y se demuestra en el compromiso histórico del cristiano a favor de sus hermanos.

© narcea, s. a. de ediciones

Por eso, a lo largo de la historia, los cristianos se han esforzado por mejorar la sociedad en la que vivían. Recuerda el Papa una frase que san Bernardo aplicaba a los monjes y ermitaños, tantas veces menospreciados por el mundo: "El género humano subsiste gracias a unos pocos; porque si ellos desapareciesen, el mundo perecería por un rayo o por una hendidura de la tierra"[4]. Esa convicción del valor de su oración llevó a los monjes a trabajar los campos, a promover la cultura y a educar a los pueblos.

A veces los monasterios se percibían como un lugar de refugio y a veces, como un lugar en el que los monjes eran formados para vivir el "desprecio del mundo". Hoy sabemos bien que aquella expresión ha de ser entendida teniendo en cuenta los diversos sentidos que ya en los escritos del Nuevo Testamento encierra la palabra "mundo".

El cristiano aborrece el "mundo" en cuanto estructura de pecado, que se diría hoy, pero no en cuanto sociedad humana convocada a vivir la fraternidad. Tampoco puede ignorarlo o despreciar al mundo en cuanto realidad cósmica creada por Dios y confiada a la responsabilidad humana. Ese mundo ha sido amado por Dios hasta tal punto que le ha entregado a su propio Hijo (cf. Jn 3,16)[5].

---

[4] SAN BERNARDO, *Sentencias*, III, 118, en *Obras completas de San Bernardo*, VIII, Madrid 1993, p. 343.

[5] Cf. J. R. FLECHA, ¿Contemplación o huida del mundo?", en *El respeto a la creación*, Madrid 2001, pp. 55-65. Sobre la relación entre la "huida del mundo" y la esperanza "productiva y combativa" de los cristianos, puede leerse la obra de H. U. von Balthasar, *Seriedad con las cosas*, Salamanca 1968, pp. 107-111.

Al igual que su Señor, los cristianos han sido enviados al mundo, pero han de tratar de no ser de este mundo (cf. Jn 17,15-19). Aman el mundo creado, pero no pueden idolatrar sus realidades creadas ni sus estructuras de pecado.

En consecuencia, la valentía y la creatividad de la esperanza, que caracterizaron la obra cultural de los monasterios antiguos, no pueden ser relegadas a un mero recuerdo histórico. Seguramente en el momento presente son muchas las actividades sociales que pueden ser alimentadas por la esperanza.

Vivir aguardando un paraíso prometido no nos aleja de las demandas de nuestros hermanos ni nos permite ignorar sus dificultades. Nadie puede considerarse libre mientras haya esclavos a su alrededor. Y nadie puede mantener la esperanza si la han perdido los que le rodean.

ESPERANZA Y SOLIDARIDAD

A decir verdad, los cristianos de nuestro tiempo han aceptado con naturalidad y entusiasmo aquellas palabras con las que el Concilio Vaticano II iniciaba la Constitución Pastoral sobre la Iglesia en el mundo de hoy:

> "Los gozos y las esperanzas, las tristezas
> y las angustias de los hombres de nuestro
> tiempo, sobre todo de los pobres
> y de cuantos sufren, son a la vez gozos
> y esperanzas, tristezas y angustias
> de los discípulos de Cristo. Nada hay

© narcea, s. a. de ediciones

verdaderamente humano que no encuentre eco en su corazón. La comunidad cristiana está integrada por hombres que, reunidos en Cristo, son guiados por el Espíritu Santo en su peregrinar hacia el reino del Padre y han recibido la buena nueva de la salvación para comunicarla a todos. La Iglesia por ello se siente íntima y realmente solidaria del género humano y de su historia" (GS 1).

La esperanza hace a los cristianos solidarios con sus hermanos. Y eso, no en razón de fáciles estrategias, sino precisamente en razón de su fe en Dios[6].

Esa convicción no es fácilmente admitida por la sociedad actual que ha hecho del laicismo una nueva religión.

Hoy no son los cristianos los que se desentienden de la sociedad presente por vivir esperando la vida eterna. Son más bien los políticos y los agitadores sociales los que pretenden empujar a los cristianos a refugiarse en el mundo del más allá con el fin de que les dejen las manos libres para manipular a su modo el mundo del presente.

En otros tiempos se acusaba a los cristianos de vivir refugiados en un futuro esperado e ignorar las necesidades humanas del presente. Hoy son acusados, calumniados y hasta perseguidos no por vivir mirando al futuro, sino por tratar de contribuir con fe, esperanza y amor a diseñar un presente más humano.

---

6 Cf. J. R. FLECHA, "El principio de solidaridad", en *Moral social. La vida en comunidad*, Salamanca 2007, pp. 144-146.

LA CERCANÍA Y EL ENCUENTRO

Pasados algunos años, el papa Francisco ha observado cómo la sociedad ha favorecido y promueve una falsa cultura del individualismo. "En el mundo actual los sentimientos de pertenencia a una misma humanidad se debilitan, y el sueño de construir juntos la justicia y la paz parece una utopía de otras épocas".

El aumento de la indiferencia de las personas se debe sin duda a la pérdida de la esperanza. "Vemos cómo impera una indiferencia cómoda, fría y globalizada, hija de una profunda desilusión que se esconde detrás del engaño de una ilusión: creer que podemos ser todopoderosos y olvidar que estamos todos en la misma barca".

Navegamos todos en la misma barca. Esa expresión aparece con frecuencia en los discursos del papa Francisco. Según él, "el desengaño que deja atrás los grandes valores fraternos lleva a una especie de cinismo. Esta es la tentación que nosotros tenemos delante, si vamos por este camino de la desilusión o de la decepción".

Con todo, es preciso pensar en una salida de esa situación para que podamos recorrer el camino de la esperanza. "El aislamiento y la cerrazón en uno mismo o en los propios intereses jamás son el camino para devolver esperanza y obrar una renovación, sino que es la cercanía, la cultura del encuentro. El aislamiento, no; cercanía, sí. Cultura del enfrentamiento, no; cultura del encuentro, sí"[7].

---

[7] FRANCISCO, Carta encíclica *Fratelli tutti* (03.10.2020), n. 30.

© narcea, s. a. de ediciones

Con acierto, se eligió para el Jubileo del año 2025 el lema y la imagen de los "peregrinos de la esperanza".

Pautas para la reflexión

- ~ Analizar las causas que han podido motivar las acusaciones de individualismo que se han dirigido a veces a quienes tratan de vivir la esperanza cristiana.
- ~ Recordar algunos textos y datos importantes de la fe cristiana que subrayan la dinámica comunitaria de la esperanza.
- ~ Preguntarse con qué gestos concretos pueden los cristianos de hoy hacer creíble la dimensión comunitaria de la esperanza a la que han sido llamados.

SOLO EN DIOS ESPERAMOS

Es imposible vivir sin esperanza. Toda persona guarda en el fondo de su corazón la imagen de un bien futuro que pone en marcha sus mejores capacidades. Y toda persona, consciente o inconscientemente, trata de buscar un fundamento para apoyar sus esperanzas.

Mientras subía en peregrinación a Jerusalén, el piadoso israelita confesaba abiertamente que su esperanza se apoyaba en el Señor:

"Mi alma espera en el Señor, espera en
su palabra; mi alma aguarda al Señor,
más que el centinela la aurora. Aguarde
Israel al Señor, como el centinela la aurora;
porque del Señor viene la misericordia,
la redención copiosa; y él redimirá a Israel
de todos sus delitos" (Sal 130,5-8).

Es muy sugerente la imagen del centinela. Ha pasado la noche observado el horizonte desde lo alto de las murallas y espera que llegue el amanecer de un nuevo día. Israel fue redimido en otro tiempo de la esclavitud de Egipto y de la deportación a Babilonia. Por eso puede confiar en el Dios que lo perdona y lo redimirá también en el futuro[1].

En cierto modo, en su encíclica *Salvados en esperanza*, el papa Benedicto XVI nos preguntaba en qué hemos colocado nuestra esperanza. No es ocioso hacerse esa pregunta, porque cada uno se identifica con aquello que espera. La esperanza que cada uno abriga en su corazón orienta también sus pasos. En consecuencia, la suma de las esperanzas personales termina por dictar los valores vigentes que dirigen la marcha de la sociedad y el comportamiento de las personas y de los pueblos.

LA FE EN EL PROGRESO

Pues bien, según el papa Benedicto XVI, la era de la modernidad ha sustituido la esperanza que las personas antes ponían en Dios por la esperanza que ahora ponen en sus propios logros. Esa sospecha se puede demostrar con tres observaciones:

- A partir de Francis Bacon (1561-1626), la modernidad nos ha llevado a pensar que la redención de lo humano no hay que esperarla de la fe en Jesucristo sino de la correlación entre la ciencia y la praxis. Se puede observar que, en los cinco últimos siglos, la esperanza ha pasado a iden-

---

[1] J. R. FLECHA, *Para orar con los salmos*, Madrid 2021, p. 282.

© narcea, s. a. de ediciones

tificarse con la fe en el progreso, apoyada cada vez con más fuerza en la razón y en la libertad humana. Esas son, en efecto, las dos grandes ideas de la Revolución Francesa. Ahora bien, la realidad no ha obedecido totalmente a los sueños y a los programas.

De hecho, aquellos grandes ideales habrían de ser desmentidos no solo por la experiencia, sino también por la misma razón. El papa Benedicto XVI recuerda que, en el año 1792, el filósofo Immanuel Kant (1724-1804) pronosticaba la victoria del principio bueno sobre el malo y preveía la constitución de un reino de Dios sobre la tierra, gracias a las orientaciones de la simple fe racional. Sin embargo, ya en el año 1795, en su obra *El final de todas las cosas*, el mismo Kant intuía que el abandono de la fe cristiana podría llevar a la cultura a enfrentarse con el final perverso de todas las cosas (SS 17-19).

• En el siglo siguiente, Karl Marx (1818-1883) pensaba que "el progreso hacia lo mejor, hacia el mundo definitivamente bueno, ya no viene simplemente de la ciencia, sino de la política". Creía él que una mejor organización de la sociedad llegaría a favorecer los grandes ideales de la igualdad y la justicia entre los hombres, unos ideales que no eran ajenos a la esperanza en el Reino de Dios. Pero la historia nos ha demostrado que tampoco el triunfo del marxismo podía garantizar el logro de las esperanzas humanas más profundas. Según el Papa, Marx "creyó que, una vez solucionada la economía, todo quedaría solucionado".

En realidad, olvidó algo muy importante. La experiencia nos recuerda que, junto a la aspiración por el bien, subsiste en el mundo y en cada uno de nosotros la tendencia al mal. Y nos enseña que la transformación de la sociedad no puede alcanzarse por un cambio técnico que no incluya también una auténtica conversión ética (SS 20-21).

• Pues bien, la encíclica *Spe salvi* da un paso más para observar más de cerca la realidad actual. De hecho, observa que, en nuestros tiempos, el progreso se identifica casi exclusivamente con los descubrimientos científicos y con el avance de la tecnología. Aunque no lo haya expresado la encíclica, todos nosotros podríamos recordar muchas situaciones que dan fe de esta confianza mágica en las fuerzas utópicas del progreso científico-técnico. Pero tampoco ahí puede encontrarse la salvación. El Papa recuerda cómo el filósofo Theodor W. Adorno (1903-1989) expresaba ya una franca incertidumbre frente a esa confianza y fe en el progreso. Según él, "el progreso, visto de cerca, sería el progreso que va de la honda a la superbomba". Una observación tan gráfica como lamentable. A fin de cuentas, vistos los horrores de la guerra y los desastres ecológicos, parece que no ha sido muy ventajoso para el ser humano depositar la esperanza en el ídolo del progreso.

© narcea, s. a. de ediciones

Esa conciencia de la ambigüedad del progreso humano se reflejaba ya en unas palabras de Pablo VI, en las que presentaba a los hombres de nuestro tiempo como exaltados por la esperanza, pero a la vez perturbados con frecuencia por el temor y la angustia[2].

LIBERTAD Y RESPONSABILIDAD

Benedicto XVI podría haber recordado también la insistencia con la que, en su encíclica *Populorum progressio*, el mismo Pablo VI afirmaba con intuición profética que para el ser humano el progreso ha de ser integral o no será un verdadero progreso[3].

No basta el progreso material para satisfacer las necesidades humanas, que, precisamente por ser humanas, se abren siempre a la trascendencia. El progreso material necesita el progreso moral y éste exige el progreso espiritual.

En realidad, el papa Benedicto XVI venía a decir eso mismo con otras palabras: "La situación del hombre, en el desequilibrio entre la capacidad material, por un lado, y la falta de juicio del corazón, por otro, se convierte en una amenaza para sí mismo y para la creación" (SS 23). La alusión al riesgo

---

[2] PABLO VI, Exhortación apostólica *Evangelii nuntiandi* (08.12.1975) n. 1.

[3] PABLO VI, Carta encíclica *Populorum progressio* (26.03.1967) nn. 5, 14 y 43; cf. J. R. FLECHA, "La profecía de la encíclica *Populorum progressio*", en *Veritas* (Valparaíso) 37 (2017) pp. 99-121.

de quebrar el equilibrio ecológico ilustra bien el peligro de abandonar la sensatez moral.

Esa sensatez no se identifica sin más con la capacidad de ejercer la libertad humana. No basta con reivindicar una libertad que solo implica la carencia de coacciones. El hombre es un ser "responsorial". Es preciso promover y buscar esa libertad que incluye la responsabilidad, es decir la decisión de responder "de" algo y de alguien que nos ha sido confiado.

EL FUTURO Y EL AMOR

El ser humano no está solo en el mundo. Está acompañado de otros seres, humanos y no humanos. Pero ha de contar también con la presencia del Invisible, como recuerda el papa Benedicto XVI con una frase tan clara como convencida: "Digámoslo ahora de manera muy sencilla: el hombre necesita a Dios, de lo contrario queda sin esperanza". Con esas palabras se evoca de nuevo la situación de los paganos, que, al decir de san Pablo, estaban "sin esperanza y sin Dios en el mundo" (Ef 2,12).

Hoy son numerosos los libros que se publican en defensa no solo del ateísmo sino también del politeísmo. Es como si, después de dos milenios de fe cristiana, nuestra sociedad hubiera decidido regresar al paganismo greco-romano.

Lo dramático es que en nuestro tiempo se pretende ignorar que en aquella sociedad era imposi-

 © narcea, s. a. de ediciones

ble soñar en la libertad. El fatalismo sumergía a las gentes en la dependencia paralizante frente al "destino", al que se sometían los humanos y hasta los dioses, como ya lo sugería Virgilio en la más famosa de sus églogas[4]. Una cultura fatalista impedía imaginar esperanzadamente el futuro.

El futuro solo es posible si existe la libertad verdadera. El futuro solo es atrayente si se puede vivir en el amor. Pero el amor no es un producto que sea elaborado y expedido de forma automática por el progreso.

El amor nace de Dios, porque Dios es amor. En realidad, solo la fe en el Dios del amor posibilita la esperanza: "Dios entra en las cosas humanas a condición de que no solo lo pensemos nosotros, sino que Él mismo salga a nuestro encuentro y nos hable" (SS 23).

LA MEMORIA DEL FUTURO

Según el *Catecismo de la Iglesia Católica*, "la esperanza cristiana recoge y perfecciona la esperanza del pueblo elegido, que tiene su origen y su modelo en la esperanza de Abraham en las promesas de Dios; esperanza colmada en Isaac y purificada por la prueba del sacrificio" (n. 1819).

---

[4] VIRGILIO, *Égloga IV*: "Talia saecla suis dixerunt currite fusis, concordes stabili fatorum numine Parcae", es decir, "Tales siglos corred, a sus husos dijeron las Parcas, concordes en la inmutable majestad de los hados".

En la encíclica *Lumen fidei*, es decir "La luz de la fe", escrita por Benedicto XVI y retocada y firmada por el papa Francisco, se recuerda la figura de Abraham, al que Dios dirige una llamada y una promesa.

"En primer lugar, es una llamada a salir de su tierra, una invitación a abrirse a una vida nueva, comienzo de un éxodo que lo lleva hacia un futuro inesperado". Abrahán habrá de hacerse nómada, y caminar en obediencia a esa llamada. "la fe 've' en la medida en que camina, en que se adentra en el espacio abierto por la Palabra de Dios".

Pero no se puede ignorar que esta Palabra de Dios encierra además una promesa: la de ser padre de un gran pueblo (cf. Gen 13,16; 15,5; 22,17). Abraham tendrá una larga descendencia que en el futuro ha de responder a la llamada divina que resonó en el pasado del patriarca. La esperanza será la respuesta a la llamada de Dios.

En la encíclica se advierte que la fe de Abraham será siempre un acto de memoria. Sin embargo, esta memoria no se queda en el pasado, sino que, siendo memoria de una promesa, es capaz de abrir la persona hacia el futuro y de iluminar los pasos a lo largo del camino. De este modo, la fe, en cuanto memoria del futuro *–memoria futuri–*, está estrechamente ligada con la esperanza[5].

Si esta revelación del Dios de las promesas es respetada y transmitida por el pueblo de Israel, ha-

---

[5] FRANCISCO, Carta encíclica *Lumen fidei*, n. 9.

© narcea, s. a. de ediciones

bía de ser fundamental para la fe cristiana. "Dios es la primera y última, la suprema e inolvidable esperanza del hombre. El cristiano se confía al Dios dador de la esperanza y se remite al mediador de esa esperanza en el mundo: Jesucristo"[6].

Pautas para la reflexión

~ Poner algunos ejemplos de la confianza desmedida que hoy se deposita en los adelantos tecnológicos.

~ Preguntarse por qué el progreso material necesita el progreso moral y este exige el progreso espiritual.

~ Pensar en las razones que mueven a los cristianos para afirmar que el futuro solo puede ser humanizador si el hombre pone su esperanza en Dios.

---

[6] O. GONZÁLEZ DE CARDEDAL, *Raíz de la esperanza*, Salamanca 1995, p. 238.

EL ROSTRO DE LA ESPERANZA CRISTIANA

El tema de la disyuntiva entre lo técnico y lo ético se encontraba ya en la encíclica *Populorum progressio*, que el papa Pablo VI había dedicado al progreso humano[1].

Por su parte, ya en su primera encíclica, el papa Juan Pablo II evocaba la distinción que es preciso establecer entre el dominio de la técnica y la competencia de la ética:

> "El progreso de la técnica y el desarrollo de la civilización de nuestro tiempo, marcado por el dominio de la técnica, exigen un desarrollo proporcional de la moral y de la ética, que por desgracia parece haberse quedado atrás. Por esto, suscita muchas inquietudes este progreso tan maravilloso, en el que descubrimos

---

[1] PABLO VI, Carta encíclica *Populorum progressio* nn. 19, 20, 34 y 73.

auténticos signos de la grandeza
del hombre, revelados en sus gérmenes
en el Libro del Génesis, en la descripción
de la creación"[2].

TÉCNICA Y ÉTICA

Pues bien, en la encíclica *Salvados en esperanza*, también Benedicto XVI establece una distinción entre el progreso técnico y el progreso ético.

El primero admite una continuidad hacia un dominio cada vez mayor de la naturaleza. Pero desde el punto de vista ético, no está garantizado un aumento automático y progresivo, puesto que "la libertad humana siempre es nueva y tiene que tomar de nuevo sus decisiones".

Es importante subrayar esa referencia a una temporalidad siempre abierta y confiada a la libertad humana. Si alguien decidiera de una vez por todas lo que se ha de hacer o evitar, privaría a sus descendientes del derecho a la libertad. En realidad, el progreso moral implica una invitación a ejercer la propia libertad.

Las grandes convicciones han de ser conquistadas siempre de nuevo. De ahí se sigue una importante conclusión con relación a la esperanza:

"Puesto que el hombre sigue siendo
siempre libre y su libertad es también

---

[2] JUAN PABLO II, Carta encíclica *Redemptor hominis* (04.03.1979) n. 15.

  © narcea, s. a. de ediciones

siempre frágil, nunca existirá en este mundo el reino del bien definitivamente consolidado" (SS 24).

Así pues, el hombre no puede ser redimido solo por la ciencia o por las estructuras creadas a su alrededor. Pero también es verdad que, su redención, aun siendo un don de Dios, es y será siempre el principal objeto de la responsabilidad humana y la meta a la que tiende su esperanza.

Según el *Catecismo de la Iglesia Católica*, "la esperanza cristiana se manifiesta desde el comienzo de la predicación de Jesús en la proclamación de las bienaventuranzas. Las bienaventuranzas elevan nuestra esperanza hacia el cielo como hacia la nueva tierra prometida; trazan el camino hacia ella a través de las pruebas que esperan a los discípulos de Jesús" (n. 1819).

REDIMIDOS POR EL AMOR

En este contexto, una lectura atenta de la encíclica *Spe salvi* nos ayuda a descubrir dos peligros que acechan a la relación del ser humano con el fruto de su trabajo y de su presencia en el mundo.

Por una parte, el ser humano puede considerar que será redimido por medio de la ciencia. "Con semejante expectativa se pide demasiado a la ciencia; esta especie de esperanza es falaz" (SS 25).

Por otra parte, se puede caer en un espiritualismo desencarnado. De hecho, Benedicto XVI recoge una denuncia que ha sido dirigida con frecuencia a los cristianos. Ante los éxitos de la ciencia, se acusa a veces al cristianismo de haberse concentrado solamente sobre el individuo y su salvación. Ya sabemos que no es verdad, pero el Papa señala la tentación:

"Con esto ha reducido el horizonte
de su esperanza y no ha reconocido
tampoco suficientemente la grandeza
de su cometido, si bien es importante
lo que ha seguido haciendo para la
formación del hombre y la atención
de los débiles y los que sufren" (SS 25).

Como intentando superar ambas tentaciones, el Papa ofrece la alternativa definitiva: "No es la ciencia la que redime al hombre. El hombre es redimido por el amor" (SS 26). Pero también el amor está sometido a sospecha. El amor que reciben y ofrecen las personas es un amor frágil. Puede debilitarse con el paso del tiempo y, al fin, siempre es destruido por la muerte.

Ahora bien, el ser humano necesita un amor incondicionado y no sometido al desgaste del tiempo. El hombre solo será redimido por un amor absoluto. Y ese amor solo se encuentra en Dios. Eso es lo que significa afirmar que Jesucristo nos ha "redimido". Solo Él nos ha amado hasta entregarse por nosotros.

Por consiguiente, la verdadera esperanza del hombre solo puede encontrarse en el Dios que nos ha amado y nos ama hasta el extremo. "Quien ha sido tocado por el amor empieza a intuir lo que sería propiamente vida" (SS 27). Esa vida que espera-

 © narcea, s. a. de ediciones

mos brota de la relación del hombre con el Dios que no muere, con el Dios que es la vida, el amor y la fuente de la vida.

VIVIR PARA LOS DEMÁS

El lenguaje del amor puede sonar a intimismo individualista y poco comprometido con la renovación de las estructuras de este mundo. Ese lenguaje parece sugerir de nuevo una espiritualidad evasiva. Como si, aferrado a la esperanza que le ofrece el saberse amado por Dios, el cristiano pudiera tranquilamente vivir olvidando a los demás.

Pero esa percepción sería falsa o incongruente con la vivencia de la fe. El Papa recuerda que Jesús se entregó a sí mismo en rescate por todos nosotros (cf. 1 Tim 2,6). Por tanto, no se puede estar en comunión con Jesucristo si uno no acepta vivir para los demás.

Tras esa cita de san Pablo, la encíclica contiene algunas referencias patrísticas, tomadas de san Máximo el Confesor y de san Agustín.

El primero exhorta a los fieles a no anteponer nada al amor de Dios, pero inmediatamente les pide que están dispuestos a repartir sus dineros según Dios, sin discriminación alguna.

Por lo que se refiere a san Agustín, se recuerda que fue precisamente la esperanza la que le llevó a desvivirse por su pueblo, a transmitir esperanza en la difícil situación del Imperio Romano que le tocó vivir, a ejercitar las obras de misericordia y a entregarse generosamente a la gente sencilla.

En este contexto, sería interesante releer los hermosos textos del Sermón 340 y de las *Confesiones* de san Agustín, a los que nos remite la encíclica (SS 28-29).

Llegado a este punto, Benedicto XVI ofrece un resumen muy interesante sobre el objeto y las motivaciones de la esperanza:

> "A lo largo de su existencia, el hombre
> tiene muchas esperanzas, más grandes
> o más pequeñas, diferentes según
> los períodos de su vida" (SS 30).

Es bueno tratar de hacer un recuento de las esperanzas que van dinamizando nuestra vida. Todas ellas son importantes. Pero hay que reconocer que, una vez alcanzadas las metas intermedias, siempre nos queda un horizonte que tratamos de alcanzar: "Está claro que el hombre necesita una esperanza que vaya más allá. Es evidente que solo puede contentarse con algo infinito, algo que será siempre más de lo que nunca podrá alcanzar" (SS 30).

DIOS Y LOS ÍDOLOS

Ahora bien, la historia más reciente nos ha demostrado que no podemos poner nuestra esperanza en la construcción del "reino del hombre" frente al reino de Dios. La esperanza nace del amor de Dios y se revela en el amor a los hermanos. Esta

 © narcea, s. a. de ediciones

convicción que brota de la fe en Jesucristo revela el rostro verdadero de la esperanza cristiana. Esta no se basa en la confianza en la ciencia o el progreso sino en Dios que nos ama gratuitamente.

Es cierto que esta convicción no es tan evidente como pudiera parecer. Y no es fácil defenderla de forma creíble. En un mundo poblado de nuevos ídolos como el nuestro[3], todavía hay que aclarar a qué Dios adoramos:

> "Dios es el fundamento de la esperanza;
> pero no cualquier dios, sino el Dios que
> tiene un rostro humano y que nos ha amado
> hasta el extremo, a cada uno en particular
> y a la humanidad en su conjunto" (SS 31).

Además, hay que estar siempre dispuestos a responder con firmeza una y otra vez a la vieja acusación de que la fe nos aleja del mundo presente. Según el Papa, el reino de Dios no está en un más allá imaginario: "su reino está presente allí donde Él es amado y donde su amor nos alcanza" (SS 31).

La esperanza ha de animar a los que vamos de camino y ayudarnos a superar las tentaciones y distracciones que pueden alejarnos de la meta. Santa Teresa de Jesús afirmaba que "pensar la gloria que esperamos y el amor que el Señor nos tuvo y su resurrección muévenos a gozo" (V 12,1)[4].

---

[3] Cf. J.R. FLECHA, "Confesión pública de Dios ante los nuevos ídolos", en *Salmanticensis* 48 (2001) pp. 239-270.

[4] Cf. M. D. BILÓ, *En la bienaventuranza de la espera. Esperanza y experiencia escatológica en Santa Teresa de Jesús*, Salamanca 2020, pp. 88-94.

Como ha escrito el papa Francisco en la Bula de convocación del Jubileo del año 2025:

> "Todos necesitamos recuperar la alegría de vivir, porque el ser humano, creado a imagen y semejanza de Dios (cf. Gen 1,26), no puede conformarse con sobrevivir o subsistir mediocremente, amoldándose al momento presente y dejándose satisfacer solamente por realidades materiales. Eso nos encierra en el individualismo y corroe la esperanza, generando una tristeza que se anida en el corazón, volviéndonos desagradables e intolerantes" (SNC 9).

Pautas para la reflexión

~ Tratar de aducir algunos ejemplos que demuestren que los progresos técnicos han de ir acompañados por un mayor progreso ético, tanto individual como colectivo.

~ Preguntarse cómo y por qué el ser humano no puede ser redimido por la ciencia, sino solamente por el amor.

~ Reflexionar sobre las responsabilidades que competen a los cristianos en una sociedad que parece haber descubierto una nueva idolatría.

© narcea, s. a. de ediciones

LA ORACIÓN QUE ENSANCHA EL CORAZÓN

Tras exponer la naturaleza de la esperanza cristiana y su respuesta a los desafíos que le han sido planteados por las esperanzas secularizadas, la encíclica *Salvados en esperanza* contiene una segunda parte que ha sido considerada como más directamente pastoral.

En ella el papa Benedicto XVI ha expuesto tres "lugares" de aprendizaje y de ejercicio de la esperanza. Ya es interesante subrayar, antes que nada, que, siendo un don de Dios, la esperanza ha de ser aprendida y ejercitada. Algo parecido se podría decir de las otras dos virtudes teologales: la fe y la caridad.

Pues bien, en este contexto se incluyen unas interesantes reflexiones sobre esos tres "lugares" de aprendizaje, que son la oración, el sufrimiento y la meditación sobre el juicio de Dios.

TESTIGOS DE LA ORACIÓN

La reflexión sobre la oración comienza con un texto que parece extraído de un antiguo salmo bíblico. En realidad, evoca la situación de quien se siente abandonado en la vida:

> "Cuando ya nadie me escucha, Dios todavía me escucha. Cuando ya no puedo hablar con ninguno, ni invocar a nadie, siempre puedo hablar con Dios. Si ya no hay nadie que pueda ayudarme –cuando se trata de una necesidad o de una expectativa que supera la capacidad humana de esperar–, Él puede ayudarme. Si me veo relegado a la extrema soledad…, el que reza nunca está totalmente solo" (SS 32).

Antes de pasar a reflexionar sobre la relación entre la oración y la esperanza, la encíclica apela a dos testigos que avalan estos pensamientos: uno moderno y otro antiguo.

El más reciente es el cardenal Nguyen Van Thuan, que, después de trece años de cárcel, dejó un libro titulado precisamente *Oraciones de esperanza*. En el diálogo íntimo con Dios, la oración le ayudó a mantener la esperanza durante su largo cautiverio en Vietnam y a ser para los hombres un testigo de "esa gran esperanza que no se apaga ni siquiera en las noches de la soledad" (SS 33).

El otro testigo es San Agustín, quien ilustró la relación existente entre la oración y la esperanza en una homilía sobre la Primera Carta de Juan.

© narcea, s. a. de ediciones

En ese texto, San Agustín define la oración como un ejercicio del deseo. Creado por Dios para desear a Dios, el hombre descubre que su corazón es demasiado estrecho para recibir un regalo tan grande. Así que Dios mismo ha de ensanchar el corazón humano. La oración va logrando ese milagro. Así lo dice el santo obispo de Hipona: "Dios, retardando [su don], ensancha el deseo; con el deseo, ensancha el alma y, ensanchándola, la hace capaz [de su don]"[1].

El Papa recuerda cómo San Agustín apela a la imagen de la miel y el vinagre. Para llenarnos de la miel de su bondad, Dios ha de purificarnos del vinagre y de su sabor. Y ese proceso se realiza precisamente en la oración.

Ahora bien, el Papa añade que la oración no solamente nos hace libres para poder abrirnos a Dios, sino que también abre nuestro corazón a los demás:

"Solo convirtiéndonos en hijos de Dios
podemos estar con nuestro Padre común.
Rezar no significa salir de la historia
y retirarse en el rincón privado de la propia
felicidad. El modo apropiado de orar es
un proceso de purificación interior que nos
hace capaces para Dios y, precisamente
por eso, disponibles también para
los demás" (SS 33).

---

[1] SAN AGUSTÍN, *Exposición de la Epístola de San Juan a los Partos*, 4,6, en *Obras de San Agustín*, XVIII, Madrid 1959, pp. 253-255, donde se encuentra también la traducción al español.

Así pues, la oración suscita la esperanza, la motiva y la abre a la línea de la verticalidad, que la mantiene a la escucha de Dios. Y la abre también en la línea de la horizontalidad, por la que descubre la presencia y las necesidades de los demás.

APRENDIZAJE DE LA ORACIÓN

En el itinerario de la vida del creyente hay una lección imprescindible. Lo más pronto posible hay que aprender a orar. Con eso no esta dicho todo, porque las preguntas se suceden sin cesar sobre los diversos aspectos que configuran la oración. En este aprendizaje de la oración, el Papa señala tres capítulos importantes:

> "En la oración, el hombre ha de aprender
> qué es lo que verdaderamente puede
> pedirle a Dios, lo que es digno de Dios.
> Ha de aprender que no puede rezar contra
> el otro. Ha de aprender que no puede pedir
> cosas superficiales y banales que desea
> en ese momento, la pequeña esperanza
> equivocada que lo aleja de Dios. Ha
> de purificar sus deseos y sus esperanzas"
> (SS 33).

Esa articulación es fundamental. Martin Buber decía que el ser humano se hace a sí mismo en la relación con lo otro, con los otros y con el Absolutamente Otro[2]. De cómo sea esa triple relación de-

---

[2] M. Buber, *Yo y Tú*, Madrid 1993, pp. 76-77.

 © narcea, s. a. de ediciones

pende la figura y la categoría de la persona. Saber situarse correctamente en el vértice de ese trípode sostiene a la persona y le confiere su silueta humana. Pues bien, la oración revela la relación del hombre con Dios, con los demás y con las cosas que componen su propio ambiente.

NUESTRA AUTÉNTICA VERDAD

Así pues, nuestra oración nos configura y revela nuestra identidad. La revela a los que se acercan a nosotros. Pero debería también revelárnosla a nosotros mismos. Nuestra oración es un indicador de lo que somos y de lo que deseamos ser, de nuestras nostalgias y esperanzas, de nuestra fe y de nuestro amor. Nuestra oración revela nuestra personal jerarquía de valores.

El Papa explica esto de una forma muy interesante para el estudio y la catequesis de la vida moral. Nos dice que, en la oración, el hombre "debe liberarse de las mentiras ocultas con que se engaña a sí mismo: Dios las escruta, y la confrontación con Dios obliga al hombre a reconocerlas también" (SS 33).

Nuestra sociedad apela con frecuencia a la conciencia como norma última y única de moralidad. Y no estaría mal, si la conciencia fuese educada para prestar atención a la voluntad de Dios. Pero en nuestro tiempo se suele pensar que la conciencia personal es autónoma y creativa, como ya denunciaba el papa Juan Pablo II en la encíclica *Veritatis splendor*[3]. De esa forma, la libertad personal se convierte en criterio de moralidad objetiva, como pretendía el existencialismo[4]. Pues bien, la oración educa nuestra conciencia, la lleva a justarse con la voluntad de Dios y, por tanto, purifica nuestra esperanza:

> "No reconocer la culpa, la ilusión
> de inocencia, no me justifica ni me salva,
> porque la ofuscación de la conciencia,
> la incapacidad de reconocer en mí
> el mal en cuanto tal, es culpa mía.
> Si Dios no existe, entonces quizás
> tengo que refugiarme en estas mentiras,
> porque no hay nadie que pueda
> perdonarme, nadie que sea el verdadero
> criterio. En cambio, el encuentro
> con Dios despierta mi conciencia
> para que ésta ya no me ofrezca una
> autojustificación ni sea un simple reflejo
> de mí mismo y de los contemporáneos
> que me condicionan, sino que se
> transforme en capacidad para escuchar
> el Bien mismo" (SS 33).

Así pues, la oración nos ayudará a descubrir la verdad última de nosotros mismos. La oración puede liberarnos de las mentiras ocultas con las que nos frecuencia tratamos de engañarnos.

---

[3] JUAN PABLO II, Carta encíclica *Veritatis splendor* (06.08.1993), n. 32.

[4] Bastaría leer las dos últimas páginas de la obra de J. P. Sartre, *El ser y la nada*, para comprender hasta qué punto puede ser ambigua una moral basada solamente en la libertad individual.

© narcea, s. a. de ediciones

ORACIÓN Y RESPONSABILIDAD

Esa purificación de la conciencia y de la esperanza es absolutamente necesaria para poder caminar por el sendero del bien y más aún para seguir a Jesucristo. Sin embargo, no podrá lograrse esa purificación si la oración, que ha de ser siempre muy personal, no acepta la confrontación con la gran tradición orante de la Iglesia.

Casi todos hemos pasado por diversas etapas en nuestra oración. Comenzamos repitiendo las plegarias que nos enseñaron de niños. Después quisimos inventar nuestras propias fórmulas. Cuanto más avanza la vida, con más fervor y sencillez volvemos a las plegarias de siempre.

Pues bien, Benedicto XVI dice que para aprender a rezar es de gran utilidad unirse a la oración de la Iglesia, rezando el Padrenuestro, el Ave María y las oraciones de la Liturgia. De hecho, "en la oración tiene que haber siempre una interrelación entre oración pública y oración personal" (SS 34).

Hablar a Dios y escuchar a Dios son las dos caras de la misma moneda. Ese diálogo va purificando nuestra conciencia para que podamos llegar a Dios y acercarnos a nuestros hermanos: "Así nos hacemos capaces de la gran esperanza y nos convertimos en ministros de la esperanza para los demás: la esperanza en sentido cristiano es siempre esperanza para los demás".

Como ha dicho el papa Francisco:

"No es sano amar el silencio y rehuir
el encuentro con el otro, desear el descanso

y rechazar la actividad, buscar la oración y menospreciar el servicio. Todo puede ser aceptado e integrado como parte de la propia existencia en este mundo, y se incorpora en el camino de santificación. Somos llamados a vivir la contemplación también en medio de la acción, y nos santificamos en el ejercicio responsable y generoso de la propia misión"[5].

Así pues, la oración mantiene en nosotros una esperanza activa que nos empuja a la responsabilidad social. De esta forma la esperanza en Dios se revela como esperanza verdaderamente humana.

Pautas para la reflexión

~ Reflexionar sobre el pensamiento de san Agustín, según el cual, la oración ensancha el deseo para preguntarse qué deseos humanos deberían ser ensanchados hoy.

~ Preguntarse cuáles son las lecciones de la oración que es preciso reaprender en este momento concreto.

~ Pensar qué puede significar en nuestros días que la oración contribuya a liberar a la conciencia de sus propias mentiras.

---

[5] FRANCISCO, Exhortación apostólica *Gaudete et exsultate* (19.03.2018) n. 26.

© narcea, s. a. de ediciones

LA COMPASIÓN QUE CREA ESPERANZA

En su encíclica *Salvados en esperanza*, el papa Benedicto XVI reconoce que nuestras actuaciones están orientadas siempre por la esperanza.

Se dice que la juventud es el tiempo de la esperanza. Durante ese tiempo son más los proyectos que los recuerdos. Es más fuerte la espera que la nostalgia. Sin esperanza no hay dinamismo creativo. Sin esperanza, la persona se queda estancada en la pasividad. Sin un motivo que suscite las esperanzas personales y comunitarias, las sociedades se anquilosan y adormecen.

PRESUNCIÓN Y DESESPERACIÓN

Al igual que el caminante, también la persona que trata de vivir en esperanza puede sufrir dos grandes tentaciones. La tentación de la desesperación del que anticipa la no plenitud, quebrando así la paciencia y la constancia que exige siempre el ponerse en camino. Y la tentación de la presunción, en la que cae quien anticipa la plenitud, abandonando también el riesgo y la paciencia que suponen y exigen los caminos. De una forma y de otra, las dos tentaciones impiden la itinerancia serena y creativa que exige la virtud de la esperanza[1].

No emprenderíamos algo si no esperásemos alcanzar un futuro más humano. Sin embargo, no siempre se cumple el deseo. Unas veces por cansancio y otras por fanatismo. Necesitamos "la luz de aquella esperanza más grande que no puede ser destruida ni siquiera por frustraciones en lo pequeño ni por el fracaso en los acontecimientos de importancia histórica".

A pesar de las dificultades, externas o internas, es necesario seguir caminando. Para el creyente, la certeza del amor de Dios constituye una fuerza insuperable:

"Solo la gran esperanza-certeza de que,
a pesar de todas las frustraciones,
mi vida personal y la historia en su
conjunto están custodiadas por el poder
indestructible del Amor y que, gracias al
cual, tienen para él sentido e importancia,
solo una esperanza así puede en ese caso
dar todavía ánimo para actuar y continuar"
(SS 35).

---

[1] Cf. J.R. FLECHA, "La esperanza", en *Virtudes para una vida buena*, Salamanca 2020, pp. 133-134.

© narcea, s. a. de ediciones

La fe nos dice que nuestro obrar no es superfluo. Es cierto que nosotros no podemos construir el Reino de Dios, pero éste no será visible sin nuestra colaboración activa y humilde. Si nos apoyamos en las promesas de Dios, nuestra lucha a favor del bien, del amor y la verdad hace brotar esperanza para nosotros y para los demás. "Pero al mismo tiempo, lo que nos da ánimos y orienta nuestra actividad, tanto en los momentos buenos como en los malos, es la gran esperanza fundada en las promesas de Dios" (SS 35).

EL DOLOR HUMANO

Ahora bien, la esperanza no se confunde con un optimismo ingenuo. No podemos ignorar el dolor humano, al que el papa Juan Pablo II dedicó una profunda reflexión[2].

En su encíclica sobre la esperanza, Benedicto XVI afirma que "conviene ciertamente hacer todo lo posible para disminuir el sufrimiento; impedir cuanto se pueda el sufrimiento de los inocentes; aliviar los dolores y ayudar a superar las dolencias psíquicas" (SS 36). Es este un deber que brota de la justicia y de la caridad. Es por ello una responsabilidad social y política para todos los tiempos y lugares, que hoy se ha convertido en una posibilidad en muchos casos.

El Papa reconoce que en nuestro tiempo se ha logrado aliviar el sufrimiento físico, "aunque en las

---

[2] JUAN PABLO II, Carta apostólica *Salvifici doloris* (11.02.1984).

últimas décadas ha aumentado el sufrimiento de los inocentes y también las dolencias psíquicas" (SS 36).

Solo Dios es más fuerte que el poder del mal. Al encarnarse en nuestra Historia, el poder de Dios "quita el pecado del mundo" (Jn 1,29). "Con la fe en la existencia de este poder ha surgido en la historia la esperanza de la salvación del mundo. Pero se trata precisamente de esperanza y no aún de cumplimiento" (SS 36).

¿Qué actitud adoptar ante el dolor humano? Lo primero que se nos ocurre de forma espontánea es la huida. El dolor nos horroriza. Tratamos de evitarlo y hasta rehuimos su contemplación. Sin embargo, la huida del dolor es un engaño. Muchos que tratan de evitar toda dolencia, caen con frecuencia en una vida vacía de sentido. La felicidad no se consigue negando la fidelidad a nuestros hermanos. Y tampoco se logra por medio de la evasión a un paraíso imaginado pero irreal. La tentación de la drogadicción es más frecuente de lo que pensamos. En realidad, como dice el Papa: "lo que cura al hombre no es esquivar el sufrimiento y huir ante el dolor, sino la capacidad de aceptar la tribulación, madurar en ella y encontrar en ella un sentido mediante la unión con Cristo, que ha sufrido con amor infinito" (SS 37).

Jesús nos da ejemplo de esta actitud humana que asume el sufrimiento y lo trasforma en fuente de vida. Jesucristo ha descendido al "infierno" de nuestro sufrimiento transformándolo así en fuente de luz.

 © narcea, s. a. de ediciones

Como dice el *Catecismo de la Iglesia Católica*:

"en toda circunstancia, cada uno debe
esperar, con la gracia de Dios, perseverar
hasta el fin y obtener el gozo del cielo,
como eterna recompensa de Dios
por las obras buenas realizadas con
la gracia de Cristo. En la esperanza,
la Iglesia implora que todos los hombres
se salven (1 Tim 2,4). Espera estar en
la gloria del cielo unida a Cristo,
su esposo" (n. 1821).

COMPASIÓN Y MARTIRIO

De todas formas, junto a nosotros hay otras muchas personas que sufren y necesitan nuestra ayuda. Según el Papa, "una sociedad que no logra aceptar a los que sufren y no es capaz de contribuir mediante la compasión a que el sufrimiento sea compartido y sobrellevado, también interiormente, es una sociedad cruel e inhumana" (SS 38).

Consolar al otro significa "asumir de alguna manera su sufrimiento, de modo que este llegue a ser también mío". Cuando el bienestar nos parece más importante que la verdad y la justicia, estamos abriendo las puertas a la violencia y a la mentira. En ese caso renegamos del amor, que conlleva siempre una renuncia al egoísmo.

Citando a san Bernardo, Benedicto XVI nos recuerda que "Dios no puede padecer, pero puede compadecer"[3]. En Jesucristo, Dios ha decidido padecer-con nosotros. Su pasión nos ayuda a mantener nuestra esperanza (SS 39).

Junto al padecimiento de Jesús, los cristianos tenemos presente la pasión de tantos hermanos y hermanas que nos han precedido en el signo de la fe. Junto al sacrificio de Cristo, hacemos memoria de todos ellos en la celebración de la eucaristía, pero hemos de recordarlos en la vida de cada día. Si no hiciéramos *anámnesis*, caeríamos en el pecado de la amnesia.

El sufrimiento de los mártires –los de antes y los de ahora– nos recuerda que mantenerse fieles a la verdad o a la justicia es más importante que mantener nuestras posesiones, nuestros logros humanos y nuestro bienestar. "La capacidad de sufrir por amor de la verdad es un criterio de humanidad. No obstante, esta capacidad de sufrir depende del tipo y de la grandeza de la esperanza que llevamos dentro y sobre la que nos basamos" (SS 39).

Junto al sacrificio supremo del martirio, podemos dar testimonio de nuestra esperanza ofreciendo las pequeñas dificultades cotidianas que nos unen a la compasión de Cristo, que sostiene y motiva el bien y el amor entre los hombres (SS 40).

---

[3] *Sermones sobre el Cantar de los Cantares*, 26,5, en *Obras completas de San Bernardo*, V, Madrid 1987, p. 373: "Ciertamente Dios es impasible, pero no deja de ser compasivo y siempre inclinado a compadecerse y perdonar. Por tanto, necesariamente serás misericordioso unido a su misericordia, aunque hayas superado toda miseria; ya no padeces, pero te compadeces".

 © narcea, s. a. de ediciones

COMPASIÓN Y ALEGRÍA

La compasión es la manifestación humana de la solidaridad y de la fraternidad. Compadecerse de las debilidades de los demás es reconocer que nos importan los que recorren con nosotros el camino de la esperanza. Padecer con los que padecen es uno de los signos más creíbles del amor.

El papa Francisco ha escrito que la persona que se atreve a ver la realidad se deja traspasar por el dolor y puede ser consolada.

"Así puede atreverse a compartir el sufrimiento ajeno y dejar de huir de las situaciones dolorosas. De ese modo encuentra que la vida tiene sentido socorriendo al otro en su dolor, comprendiendo la angustia ajena, aliviando a los demás. Esa persona siente que el otro es carne de su carne, no teme acercarse hasta tocar su herida, se compadece hasta experimentar que las distancias se borran. Así es posible acoger aquella exhortación de san Pablo: 'Llorad con los que lloran' (Rom 12,15)"[4].

El mismo Papa, tras comentar ampliamente la parábola evangélica del buen samaritano, el afirma que "si la música del Evangelio deja de vibrar en nuestras entrañas, habremos perdido la alegría que brota de la compasión, la ternura que nace de la confianza, la capacidad de reconciliación que encuentra su fuente en sabernos siempre perdonados y enviados"[5].

---

[4] FRANCISCO, Exhortación apostólica *Gaudete et exsultate*, n. 76
[5] FRANCISCO, Carta encíclica *Fratelli tutti*, n. 277.

Posteriormente, en la Bula de convocación del Jubileo, Francisco pide que "se ofrezcan signos de esperanza a los *enfermos* que están en sus casas o en los hospitales. Que sus sufrimientos puedan ser aliviados con la cercanía de las personas que los visitan y el afecto que reciben. Las obras de misericordia son igualmente obras de esperanza, que despiertan en los corazones sentimientos de gratitud".

Y añadía que cuidar a los enfermos, especialmente a los más necesitados de atención, es "un himno a la dignidad humana, un canto de esperanza que requiere acciones concertadas por toda la sociedad" (SNC 11).

Pautas para la reflexión

~ Preguntarse si en el mundo de hoy es más frecuente el pecado de desesperación o el de presunción.

~ Preguntarse cómo y por qué la sociedad actual no parece dispuesta a suprimir el dolor humano que podría suprimir y por qué se empeña en suscitar algunos dolores que podría evitar.

~ Pensar cómo pueden los cristianos ser testigos de la compasión misericordiosa de Dios hacia las personas y los pueblos que sufren el mal, la marginación y la injusticia.

© narcea, s. a. de ediciones

VENDRÁ A JUZGAR A VIVOS Y MUERTOS

A muchos les extrañará que, en su encíclica *Salvados en esperanza*, el papa Benedicto XVI haya presentado el Juicio de Dios como "lugar de aprendizaje y ejercicio de la esperanza". Sin embargo, esta inclusión no parecerá fuera de lugar si se tiene en cuenta que, en el evangelio según san Mateo, la profecía del juicio final (Mt 25,31-46) se incluye en un capítulo dedicado a subrayar las consecuencias prácticas de la espera del Señor[1].

Con esta "profecía ética", el evangelio de Mateo evoca la venida del Hijo del hombre para subrayar la importancia última del amor, manifestado en la ayuda prestada a los más pequeños (Mt 25,45)[2].

Incluido en el número tradicional de los "Novísimos" o postrimerías, el Juicio ha sido para la mayo-

---

[1] Cf. U. Luz, *El Evangelio según San Mateo*, III, Salamanca 2003, pp. 661-662.

[2] P. Bonnard, *Evangelio según San Mateo*, Madrid 1976, p. 544.

ría de los cristianos un motivo de temor. Sin embargo, no deberían olvidar que en la segunda parte del *Credo* confiesan su fe en Jesucristo, que "está sentado a la derecha del Padre y de nuevo vendrá con gloria para juzgar a vivos y muertos, y su reino no tendrá fin"[3].

UN JUICIO SALVADOR

Como ha escrito el teólogo Ruiz de la Peña:

"Lo que resonaba en el fondo de ese artículo de fe era el mensaje reconfortante de la gracia vencedora, que lleva a su término la iniciativa salvadora con una intervención que concluye y consuma los *juicios* (los actos salvíficos) plurales que han ido jalonando la historia"[4].

El profesor Joseph Ratzinger había publicado ya en 1977 un manual de "Escatología", que comprende la reflexión teológica sobre el objeto de la esperanza cristiana[5]. A todas luces, en su segunda carta encíclica, el antiguo profesor ha querido recoger algunas de sus lecciones universitarias, con el tono catequético que caracteriza sus enseñanzas.

---

[3] Véase el breve comentario que dedica a este artículo de la fe el *Catecismo de la Iglesia Católica*, nn. 678-679.

[4] J.L. Ruiz de la Peña, *La pascua de la creación. Escatología*, Madrid 2002, p. 144.

[5] J. Ratzinger, *Escatología. La muerte y la vida eterna*, Barcelona 1980; Id., *Obras completas, X. Resurrección y vida eterna. Contribuciones a la escatología y a la teología de la esperanza*, Madrid 2017.

 © narcea, s. a. de ediciones

De hecho, Benedicto XVI recuerda aquí la importancia que tiene la escena del Juicio Final para la catequesis cristiana. La escena fue representada con mucha frecuencia en las iglesias antiguas. De hecho, se la puede encontrar no solo en el frente de la Capilla Sixtina, del Vaticano, sino también en el tímpano de la entrada a los monasterios o en el pórtico de nuestras catedrales góticas.

"Ya desde los primeros tiempos,
la perspectiva del Juicio ha influido
en los cristianos, también en su vida
diaria, como criterio para ordenar
la vida presente, como llamada a su
conciencia y, al mismo tiempo, como
esperanza en la justicia de Dios.
La fe en Cristo nunca ha mirado solo
hacia atrás ni solo hacia arriba, sino
siempre adelante, hacia la hora de
la justicia que el Señor había preanunciado
repetidamente. Este mirar hacia adelante
ha dado la importancia que tiene
el presente para el cristianismo" (SS 41).

Andando el tiempo, el aspecto salvífico del juicio de Dios sobre la historia se ha ido oscureciendo frente a la mentalidad forense que ha convertido los juicios humanos en un momento tremendo y con mucha frecuencia injusto. De ahí a mirar con terror la afirmación de la fe cristiana sobre el Juicio de Dios, no hay más que un paso.

Según el *Catecismo de Iglesia Católica*, "el Hijo no ha venido para juzgar sino para salvar y para dar la vida que hay en él. Es por el rechazo de la gracia en esta vida por lo que cada uno se juzga ya a sí mismo; es retribuido según sus obras y puede incluso condenarse eternamente al rechazar el Espíritu de amor" (n.679).

LA JUSTICIA DE DIOS

Ante tragedias como el holocausto y otros genocidios, y ante la observación del sufrimiento de los inocentes, muchas personas de nuestro tiempo han dejado de creer en la justicia de Dios. Es ya tópica la afirmación de que no se puede creer en un Dios que ignoraba la existencia de los campos de concentración. Evidentemente es muy fácil promover, ignorar y consentir el mal para luego cargarlo a la cuenta de Dios.

El Papa observa que, en la época moderna, la idea del Juicio final se ha desvaído, sobre todo por dos motivos importantes, como son el individualismo y la fe en el progreso. Por un lado, la fe cristiana se entiende y orienta sobre todo hacia la salvación personal del alma. Y, por otro lado, la reflexión sobre la historia universal está dominada en gran parte por la idea del progreso. Como consecuencia de estas dos corrientes de pensamiento y de vida, "el contenido fundamental de la espera del Juicio no es que haya simplemente desaparecido, sino que ahora asume una forma totalmente diferente" (SS 42).

En este tiempo nos encontramos ante un ateísmo moral, que reniega de Dios por conside-

 © narcea, s. a. de ediciones

rarlo incapaz de solucionar el problema del mal. Es más, ante este aparente fracaso de Dios, el hombre de hoy cree que le corresponde a él establecer la justicia en el mundo. Lo malo es que esta pretensión humana es a todas luces presuntuosa y dramática, como lo ha demostrado la historia reciente y lo ha reconocido la filosofía moderna (SS 42).

Ante el problema del mal y el escándalo que suscita, la fe cristiana ofrece una alternativa insospechada: la imagen del Crucificado.

"Este inocente que sufre se ha convertido en esperanza-certeza: Dios existe, y Dios sabe crear la justicia de un modo que nosotros no somos capaces de concebir y que, sin embargo, podemos intuir en la fe" (SS 43).

Por eso, la afirmación del Juicio de Dios sobre la historia humana, más que un motivo para el temor es una razón poderosa para mantener nuestra esperanza y para fomentar en nosotros la responsabilidad por contribuir a la mejora de la sociedad.

Creemos que la injusticia que observamos en este mundo no puede ser la última palabra. La fe en el retorno de Cristo para hacer justicia sobre la historia mantiene en vela nuestra espera. Nuestra fe nos dice que "la protesta contra Dios en nombre de la justicia no vale. Un mundo sin Dios es un mundo sin esperanza. Solo Dios puede crear justicia" (SS 44).

PURIFICACIÓN E INTERCESIÓN

En este contexto, el Papa añade unas explicaciones, breves pero sustanciosas, sobre la fe cristiana en el más allá. Si al principio de la encíclica había ya explicado el concepto de la "vida eterna", ahora dedica una frase –solamente una frase– al infierno, para presentarlo como la persistencia definitiva en la mentira, por parte de las personas que han vivido alimentando el odio en sí mismas y en los demás (SS 45).

Además, dos puntos de la encíclica analizan la fe católica sobre el purgatorio. Como se sabe, la creencia en el purgatorio ha separado en los últimos siglos a los católicos de otros cristianos, fieles a la corriente protestante. La afirmación católica sobre el purgatorio no es comprensible si no es en términos cristológicos, despojados de las tópicas connotaciones espaciotemporales que la han hecho difícilmente aceptable por los creyentes.

En el fondo de nuestra afirmación del purgatorio está la confianza en el Señor Jesucristo. Solo él nos puede "purgar". Es decir, solo él nos purifica de las cicatrices que han dejado en nosotros nuestras opciones libres, pero no liberadoras.

La reflexión que insinúa el Papa en la encíclica es profundamente realista. Nos recuerda, en efecto, que en muchas personas permanece una apertura fundamental a la verdad, al amor, es decir a Dios, aunque en la vida concreta esa apertura se haya visto empañada por algunos compromisos con el mal.

 © narcea, s. a. de ediciones

Como escribió san Pablo, estas personas serán definitivamente capaces de Dios, pero como quien pasa por el fuego (1 Cor 3,15) (SS 46).

No hay que ignorar esa imagen del fuego, pero hay que interpretarla en la perspectiva cristológica ya mencionada. Para el Papa, la imagen del fuego puede significar el encuentro doloroso con el Señor, que nos ha amado hasta el extremo sin encontrar en nosotros la correspondencia debida. Visto en este contexto de gracia y salvación, "el Juicio de Dios es esperanza, tanto porque es justicia, como porque es gracia" (SS 47).

Aunque sin mencionar la doctrina conciliar sobre el tema (cf. LG 50), el Papa nos explica el alcance misterioso de nuestra oración por los difuntos. Al igual que pensaban ya los judíos del siglo I a.C. (cf. 2 Mac 12,39-45), pensamos que por medio de la oración podemos ayudar a los hermanos que nos han precedido, dándoles "consuelo y alivio" por medio de la Eucaristía, la oración y la limosna (SS 48). Nuestra intercesión ante Dios acompaña a los hermanos que se nos han muerto. En el fondo, ese es el misterio del amor, que es más fuerte que la muerte:

> "Que el amor pueda llegar hasta el más allá,
> que sea posible un recíproco dar y recibir,
> en el que estamos unidos unos con otros
> con vínculos de afecto más allá del confín
> de la muerte, ha sido una convicción
> fundamental del cristianismo de todos
> los siglos y sigue siendo también hoy una
> experiencia consoladora" (SS 48).

En este contexto, el Papa se detiene en explicar que ningún ser humano es un ser aislado. Nuestras existencias están entrelazadas entre sí por múltiples lazos. La vida de los demás entra en la nuestra y la nuestra entra también en la vida de los otros. En consecuencia, tampoco nuestra oración es ajena a la vida y la suerte de nuestros hermanos, ni siquiera después de la muerte.

Esta reflexión tan profundamente antropológica puede resultar muy consoladora para las personas que están atravesando la situación del duelo, por la perdida de algún ser querido.

En esos momentos, marcados por el dolor y la nostalgia, necesitamos descubrir, más que nunca que "nuestra esperanza es siempre y esencialmente también esperanza para los otros; solo así es realmente esperanza también para mí" (SS 48).

EL JUICIO Y LOS JUICIOS

Así pues, la meditación sobre el Señor que vendrá a juzgar a los vivos y a los muertos es una escuela para aprender a ejercitar la virtud de la esperanza. Esta afirmación de nuestra fe no debería suscitar en nosotros el temor. Pero tampoco debería constituir un motivo para la indiferencia y la irresponsabilidad.

En la bula de convocación del Jubileo del año 2025, el papa Francisco escribe:

> "Aunque es justo disponernos con
> gran conciencia y seriedad al momento

© narcea, s. a. de ediciones

que recapitula la existencia, al mismo tiempo es necesario hacerlo siempre desde la dimensión de la esperanza, virtud teologal que sostiene la vida y hace posible que no caigamos en el miedo".

Y añade:

"El Juicio se refiere a la salvación que esperamos y que Jesús nos ha obtenido con su muerte y resurrección. Por lo tanto, está dirigido a abrirnos al encuentro definitivo con él. Y dado que no es posible pensar en ese contexto que el mal realizado quede escondido, este necesita ser *purificado*, para permitirnos el paso definitivo al amor de Dios" (SNC 22)[6].

Ahora bien, el juicio final sobre la historia humana no puede llevarnos a olvidar que nuestros juicios con frecuencia hacen difícil nuestra convivencia.

Los juicios que emitimos sobre los demás, con demasiada frecuencia son prejuicios que dañan al que los concibe y los manifiesta y también a las personas que son juzgadas sin verdad o sin prudencia. Antes de juzgar apresuradamente a un hermano, la esperanza debería llevarnos a la paciencia necesaria para conocer su verdad y sus razones.

---

[6] Cf. FRANCISCO, Carta encíclica *Fratelli tutti*, n. 243.

~ Preguntarse por qué se ha olvidado el aspecto salvífico de la fe en el juicio de Dios sobre la historia humana.

~ Reflexionar sobre las consecuencias desastrosas que ha desencadenado la pretensión humana de sustituir a Dios a la hora de ejercer un juicio sobre la historia.

~ Pensar qué puede significar en nuestras comunidades cristianas el recuerdo de los mártires y la oración por los hermanos difuntos.

© narcea, s. a. de ediciones

MARÍA DE LA ESPERANZA

Todo signo de religiosidad auténtica es una llamada de atención. En realidad, creyentes y no creyentes tenemos necesidad de una razón para la esperanza. Y los creyentes sabemos, además, que esa llamada incluye la exigencia de un compromiso. Cada uno de nosotros sabe que ha sido llamado a dar razón de su esperanza a todo el que se la pida (1 Pe 3,15).

Pues bien, en ese ejercicio de la esperanza, María es un modelo inolvidable. Con razón el pueblo de Dios la invoca con frecuencia con los títulos de "Reina y madre de misericordia, vida, dulzura y esperanza nuestra".

LAS ESTRELLAS DEL CAMINO

El papa Juan Pablo II solía terminar sus encíclicas con una invocación a María. También en su segunda encíclica, *Salvados en esperanza*, publicada el día

30 de noviembre de 2007, Benedicto XVI concluye sus reflexiones con una amplia referencia a la Madre de Jesús.

En primer lugar, recuerda el Papa el himno *Ave maris stella*, que se remonta a los siglos VIII/IX[1]. En él la Iglesia saluda a María como "Estrella del mar, madre de Dios siempre virgen y feliz puerta del cielo".

La imagen de la "estrella del mar" es muy sugerente. Nos recuerda que "la vida humana es como un viaje por el mar de la historia, a menudo oscuro y borrascoso, un viaje en el que escudriñamos los astros que nos indican la ruta".

Bien sabemos que los navegantes se han guiado durante milenios dirigiendo su mirada a los astros. Ese ejemplo sigue siendo válido para nosotros. Según el Papa, "las verdaderas estrellas de nuestra vida son las personas que han sabido vivir rectamente. Ellas son luces de esperanza".

Evidentemente, el astro que nos guía a los cristianos es Jesucristo, que brilla en medio de las tinieblas. Pero hay otros muchos hombres y mujeres que reflejan la luz que nos viene de Jesús y, con su ejemplo, nos orientan en nuestra travesía a través de este mundo.

Entre todos esos testigos que nos han precedido en el signo de la fe, María sobresale como estrella de esperanza. María es la estrella que nos orienta, por haber aceptado aquella invitación de Dios que venía a introducir al Salvador en nuestra historia (SS 49).

---

[1] Cf. B.J. COMASKEY, "Ave Maris Stella", en *New Catholic Encyclopedia*, I, Nueva York 1967, 1123-24.

© narcea, s. a. de ediciones

EL CAMINO DE JESÚS

Por eso el papa Benedicto XVI introduce a continuación en el texto de su encíclica una larga oración a Santa María. En cuanto hija del pueblo judío, que vivía aguardando "el consuelo de Israel" y "la redención de Jerusalén", María vivía en contacto con las Sagradas Escrituras de Israel. Y las Escrituras le hablaban de la esperanza, que se fundaba en las promesas que Dios había dirigido a Abrahán y a su descendencia.

En María de Nazaret se hizo carne Aquel que era la esperanza de Israel y la esperanza del mundo. Consciente de la misión que le había sido confiada, María visita a Isabel y se convierte en la "imagen de la futura Iglesia que, en su seno, lleva la esperanza del mundo por los montes de la historia". Al saludar a su pariente Isabel, ella misma proclama en su canto de alegría y alabanza que Dios "acogió a Israel, su siervo, acordándose de la misericordia –como había prometido a nuestros padres– a favor de Abraham y de su linaje por los siglos" (Lc 1, 54-55).

La esperanza de María no habría de ser fácil. Ella debía de conocer las profecías sobre el sufrimiento del siervo de Dios en este mundo (Is 50,4-9). Siguiendo el camino de Jesús, bien pronto experimentaría las dificultades y persecuciones que habría de sufrir el Mesías esperado. Una y otra vez recordaría que, al presentarlo en el templo, su Hijo había sido reconocido por Simeón como un "signo de contradicción", es decir, como una bandera discutida (cf. Lc 4,28ss)[2].

A los pies de la cruz de la que colgaba su Hijo, María pudo preguntarse si con Él no moriría toda esperanza (cf. Jn 19,25-27). El Papa introduce en su carta una pregunta que sigue siendo actual: "¿Se habría quedado el mundo definitivamente sin luz, la vida sin meta?". Sin embargo, también María, al igual que los discípulos de su Hijo, había de recordar las palabras de Jesús: "Tened valor: Yo he vencido al mundo" (Jn 16,33).

Efectivamente, la suerte de Jesús no termina con su muerte. Participando en la alegría de la resurrección del Señor, María reaparece integrada en la nueva comunidad de los creyentes. En los días después de la Ascensión todos ellos se reúnen para orar unánimes en espera del don del Espíritu Santo (cf. Hch 1,14). Y efectivamente lo recibirán el día de Pentecostés y con él recibirán la fuerza de Dios que los enviará por todos los caminos del ancho mundo para anunciar el mensaje del Resucitado (SS 50).

EL CAMINO DEL REINO

Así pues, las referencias que el Nuevo Testamento nos ofrece con relación a la vida y a la misión de María de Nazaret constituyen una especie de metáfora de la esperanza humana y, por supuesto, una inolvidable parábola de la esperanza cristiana.

---

[2] Cf. J. R. FLECHA, *De camino con María*, Madrid 2021, pp. 121-131.

 © narcea, s. a. de ediciones

Como María, toda persona, aunque no sea creyente, vive esperando una plenitud de vida que pasa por alternancias de luz y de tinieblas. Como María, todo cristiano, vive esperando la salvación que Dios le ha prometido y mostrando, con la coherencia de su vida, la presencia del Salvador.

Como María, la Iglesia recibe el anuncio del Reino de Dios y, a su vez, lo anuncia a todas las gentes. Bien sabe la comunidad cristiana que ese anuncio no es fácil si solo se cuenta con las fuerzas humanas. Por eso el Papa Benedicto XVI concluye su oración con una invocación a María que refleja la esperanza viva de la Iglesia:

"El 'reino' de Jesús era distinto de como
lo habían podido imaginar los hombres.
Este 'reino' comenzó en aquella hora y ya
nunca tendría fin. Por eso tú permaneces
con los discípulos como madre suya,
como Madre de la esperanza. Santa María,
Madre de Dios, Madre nuestra, enséñanos
a creer, esperar y amar contigo. Indícanos
el camino hacia su reino. Estrella del mar,
brilla sobre nosotros y guíanos en nuestro
camino" (SS 50).

Santa María, Madre de Jesús y Madre de la Iglesia, es para nosotros un signo de esperanza y una señal que nos guía en el camino[3].

---

[3] A María como señal de esperanza cierta se refería ya Juan Pablo II, en la carta encíclica *Redemptoris Mater* (25.03.1987) n. 11, y más ampliamente en la oración con la que concluye su exhortación apostólica *Ecclesia in Europa*, p. 125.

AL PIE DE LA CRUZ

Según el papa Francisco, "la esperanza encuentra en la *Madre de Dios* su testimonio más alto. En ella vemos que la esperanza no es un fútil optimismo, sino un don de gracia en el realismo de la vida. Como toda madre, cada vez que María miraba a su Hijo pensaba en el futuro, y ciertamente en su corazón permanecían grabadas esas palabras que Simeón le había dirigido en el templo: 'Este niño será causa de caída y de elevación para muchos en Israel; será signo de contradicción, y a ti misma una espada te atravesará el corazón'. (Lc 2,34-35)".

Tras recordar ese relato de la infancia de Jesús, el papa evoca otro relato relativo al final de la vida el Señor:

> "Al pie de la cruz, mientras veía a Jesús inocente sufrir y morir, aun atravesada por un dolor desgarrador, repetía su 'sí', sin perder la esperanza y la confianza en el Señor... y en el tormento de ese dolor ofrecido por amor se convertía en nuestra Madre, Madre de la esperanza".

Como recordando lo escrito por Benedicto XVI, también el papa Francisco, en la Bula de convocación del Jubileo del año 2025, considera que "no es casual que la piedad popular siga invocando a la Santísima Virgen como *Stella maris*, un título expresivo de la esperanza cierta de que, en los borrascosos acontecimientos de la vida, la Madre de Dios viene en nuestro auxilio, nos sostiene y nos invita a confiar y a seguir esperando (SNC 24).

 © narcea, s. a. de ediciones

~ Preguntarse qué puede significar para las comunidades cristianas de hoy invocar a María como "estrella" y signo de la esperanza.

~ Reflexionar sobre los momentos en los que la esperanza creyente de María de Nazaret se convierte en modélica para la vida y la misión de la Iglesia en el mundo de hoy.

~ Pensar cómo María de Nazaret puede ser considerada como una metáfora e icono de la esperanza humana en un mundo como el nuestro.

LA ESPERANZA
Y LA SALVACIÓN

La poesía y las canciones han popularizado la idea de la importancia del camino. Una y otra vez se repite que "se hace camino al andar". Aunque no sean muchas personas que reparan de forma consciente en ese mensaje, algo tiene que ver en ello la esperanza.

De hecho, ya san Isidoro de Sevilla comparaba la esperanza con el pie. Jugando con las palabras, escribía él que *spes quasi est pes*[1]. Para entenderlo mejor, esperar equivalía para él a tener pie, es decir, a caminar. En consecuencia, la desesperanza era la carencia de pie para ponerse en camino hacia las metas del bien, arduo y deseado.

---

[1] SAN ISIDORO, *Etym*. VIII, 2,5: "Spes vocata quod sit pes progrediendi, quasi 'est pes'. Unde et e contrario desperatio. Deest enim ibi pes, nullaque progrediendi facultas est; quia dum quisque peccatum amat, futuram gloriam non sperat".

La esperanza supone salir a los caminos. Implica una tensión entre lo ya conocido y lo que todavía no se ha recorrido. Así que la esperanza humana exige del caminante una mirada dirigida confiadamente hacia la meta y un paso, sereno y confiado en el camino.

La esperanza es un humilde y osado desafío al corazón (*cor*). La esperanza requiere la "concordia". Esperar es "recordar" el pasado y crear un espacio y un tiempo oportuno para "acordar" la itinerancia hacia el futuro. La esperanza se apoya en la memoria y coordina las promesas.

Tanto la persona como una sociedad se definen por el objeto y el tono de sus esperanzas. Eso es lo que buscamos al orientar nuestros ojos hacia una determinada filosofía o hacia una propuesta política.

DEL CONCILIO AL NUEVO MILENIO

El día 7 de diciembre de 1965, los que nos encontrábamos en la basílica vaticana aplaudimos con lágrimas la aprobación de la constitución *Gaudium et spes* sobre la Iglesia en el mundo de hoy. Ya era programática la frase inicial en la que se afirmaba que los gozos y esperanzas de la humanidad son compartidos por los hijos de la Iglesia (GS 1).

Aquella constitución proclamaba que "el porvenir de la humanidad está en manos de quienes se-

© narcea, s. a. de ediciones

pan dar a las generaciones venideras razones para vivir y razones para esperar". Seguramente no muchos recordaban que aquellas palabras del Concilio Vaticano II (GS 31) reproducían un famoso pensamiento de Pierre Teilhard de Chardin[2].

Por aquellos años estaba vigente el desafío entre los marxistas que siguiendo a Ernst Bloch repetían el título de su obra *Das Prinzip Hoffnung* (*El principio esperanza*), según el cual donde esté Lenin allí estará la nueva Jerusalén. La respuesta de los cristianos llegaba de la mano de Jürgen Moltmann con su *Theologie der Hoffnung* (*Teología de la esperanza*), seguida y completada por los escritos de Karl Rahner o de Juan Alfaro.

Los cristianos habíamos de afirmar que la esperanza solo puede tener un fundamento firme en la resurrección de Jesucristo como escribía ya Pablo en la primera de sus cartas (1 Tes 1,3-10).

El 31 de octubre de 1982 llegaba a España el papa Juan Pablo II como "testigo de esperanza", según rezaba el lema de la visita, que sería subrayado al día siguiente en Ávila, en Alba de Tormes y en la Universidad Pontificia, en la que exhortaba a los teólogos a seguir el ejemplo de los grandes maestros del pasado, incluido el arzobispo Bartolomé de Carranza. Aquel lema no solo era válido para aquella visita papal, que concluía con el vibrante llamamiento a Europa, pronunciado en Santiago de Compostela, sino también para los

---

[2] Cf. P. TEILHARD DE CHARDIN, "La crise présente. Réflexions d'un naturaliste", en *Études* 233 (1937) p. 165.

tiempos y circunstancias a las que san Juan Pablo II prestaba una especial atención.

Teniendo en cuenta el progresivo cambio que culminó el año 1989 en los países de Europa central y oriental el mismo Papa anotaba en la encíclica *Centesimus annus*, que de aquel proceso histórico habían surgido nuevas formas de democracia, que ofrecían "esperanzas de un cambio en las frágiles estructuras políticas y sociales, gravadas por la hipoteca de una dolorosa serie de injusticias y rencores, aparte de una economía arruinada y de graves conflictos sociales"[3].

En la misma encíclica añadía:

"El cristiano sabe que la novedad,
que esperamos en su plenitud
a la vuelta del Señor, está presente
ya desde la creación del mundo,
y precisamente desde que Dios
se ha hecho hombre en Cristo Jesús
y con él y por él ha hecho 'una nueva
creación'" (2 Cor 5,17 Gal 6,15)[4].

Pasados los años, el enfrentamiento adoptó un nuevo aspecto. De pronto, la controversia sobre la esperanza parecía perder actualidad. Al parecer, solo importaba a las gentes el disfrute del presente y las profecías de la religión del consumismo.

Recogiendo una de las proposiciones del Sínodo de Obispos sobre Europa, Juan Pablo II escribía:

---

[3] JUAN PABLO II, Carta encíclica *Centesimus annus* (01.05.1991) n. 22.

[4] Id., *Centesimus annus*, n. 62.

© narcea, s. a. de ediciones

"La esperanza, reducida al ámbito
intramundano cerrado a la trascendencia,
se contenta con el paraíso prometido
por la ciencia y la técnica, con las diversas
formas de mesianismo, con la felicidad
de tipo hedonista, lograda a través del
consumismo o aquella ilusoria y artificial
de las sustancias estupefacientes,
con ciertas modalidades del milenarismo,
con el atractivo de las filosofías orientales,
con la búsqueda de formas esotéricas
de espiritualidad o con las diferentes
corrientes de New Age"[5].

Sin embargo, con su obra *After Virtue*, y redescubriendo a santo Tomás, Alasdair Macintyre nos invitaba a caminar "tras la virtud"[6]. En ese contexto, la fe y la caridad no podían desentenderse de su hermana, la niña esperanza a la que cantaba el poeta Charles Péguy.

El poeta había puesto en los labios de Dios una fascinante sospecha. Es oportuno preguntarse si la fe y la caridad llevan de la mano a la esperanza y la conducen por el camino de la historia, o es la niña quien guía a sus dos hermanas mayores por los ásperos senderos del mundo. "*Cette petite fille traversera les mondes*"[7].

[5] JUAN PABLO II, Exhortación apostólica postsinodal *Ecclesia in Europa* (28.06.2003), n. 10.

[6] MACINTYRE, A., *Tras la virtud*, Barcelona 1987.

[7] Ch. PÉGUY, "Le porche du mystère de la deuxième vertu", en *Œuvres poétiques complètes*, Paris 1975, pp. 527-670.

"SALVADOS EN ESPERANZA"

Con todo, el nuevo siglo surgía cargado de interrogantes. Si las esperanzas de Occidente se dirimen entre un "capitalismo más humano o un socialismo liberal, no parece que vayamos por buen camino". Así se expresaba el ensayista de origen judío George Steiner, Premio Príncipe de Asturias de Comunicación y Humanidades 2001, según se recogía en el periódico *El Mundo* del día 23 de octubre de 2007.

Pues bien, como ya se ha dicho y repetido a lo largo de estas páginas, a este diálogo vino a sumarse la segunda encíclica del papa Benedicto XVI, *Spe salvi*, publicada el día 30 de noviembre del año 2007.

El título estaba tomado de la carta a los Romanos (Rom 8,24). Benedicto XVI afirmaba:

"Según la fe cristiana, la redención,
la salvación, no es simplemente un dato
de hecho. Se nos ofrece la salvación en el
sentido de que se nos ha dado la esperanza,
una esperanza fiable, gracias a la cual
podemos afrontar nuestro presente:
el presente, aunque sea un presente fatigoso,
se puede vivir y aceptar si lleva hacia una
meta, si podemos estar seguros de esta
meta y si esta meta es tan grande que
justifique el esfuerzo del camino" (SS 1).

Ahora bien, el Papa se planteaba inmediatamente una pregunta inevitable para quien de verdad

© narcea, s. a. de ediciones

esté dispuesto a ofrecer la razón de su esperanza: ¿De qué género ha de ser esta esperanza para poder justificar la afirmación de que, a partir de ella, y simplemente porque hay esperanza, somos redimidos por ella? O dicho de otra forma ¿De qué tipo de certeza se trata? (SS 1).

Para responder a sus propias preguntas, Benedicto XVI, recordaba los textos más importantes de la *Carta a los Hebreos*, en los que se presentan los rasgos que configuran la identidad de la esperanza cristiana.

Frente a ella, se habían alzado las pretensiones de la modernidad, que se atrevía a cambiar el Reino de Dios por el reino del hombre. La esperanza en el mito del progreso se había ido apoyando sucesivamente en la confianza en el empirismo y en la ciencia, después en los grandes ideales de la Ilustración, casi al mismo tiempo en la revolución económica y política y, finalmente en el disfrute de los bienes temporales que hacen olvidar la verdadera "sustancia" de la vida.

Pues bien, con el paso del tiempo, todos esos presuntos apoyos de la esperanza se han ido revelando tan ambiguos que pueden llevarnos no al establecimiento del Reino de Dios en este mundo, sino al final perverso de todas las cosas, que ya preveía un desencantado Immanuel Kant (SS 19).

Según el papa Benedicto XVI, es preciso adquirir la conciencia de que "no es la ciencia la que redime al hombre. El hombre es redimido por el amor" (SS 26). Solo la esperanza que confía en el absoluto de Dios puede liberarnos de la idolatría de todo lo relativo que esclaviza a la razón y a la libertad.

En contra de las falsas imágenes que de ella se ofrecen, siguiendo la herencia de Nietzsche, la esperanza cristiana no se enreda en la evasión hacia una vida eterna que olvida las demandas de la vida temporal. Tampoco se enroca en un narcisismo individualista, ya denunciado por Jean Giono, y respondido por el P. Henri de Lubac en el exergo de su obra *Catolicismo*. La esperanza cristiana se abre a la colaboración activa para la humanización del mundo y de la humanidad.

LAS ESCUELAS DE LA ESPERANZA

Como ya se ha indicado, en la segunda parte de la encíclica *Spe salvi*, el Papa se fijaba en tres lugares, totalmente necesarios para el aprendizaje de la esperanza. Más que lugares o escuelas, son actitudes humanas y afirmaciones concretas de la fe cristiana.

- En primer lugar, es preciso tener en cuenta *la oración*, que ensancha los anhelos humanos, por legítimos que sean, y purifica el deseo para poder acoger a Dios. Con el tono, el estilo y el contenido de su oración, cada uno de nosotros manifiesta el objeto de sus esperanzas y la meta a la que se encamina. En un mundo marcado por el signo del consumismo, es preciso recordar que,

© narcea, s. a. de ediciones

"en la oración, el hombre ha de aprender que no puede pedir cosas superficiales y banales que desea en ese momento, la pequeña esperanza equivocada que lo aleja de Dios. Ha de purificar sus deseos y sus esperanzas" (SS 33).

- En segundo lugar, hay que prestar atención al *dolor*, tan uniforme y tan diferente de una persona a otra, como había escrito Juan Pablo II en la carta *Salvifici doloris* en la que afirma que "como resultado de la obra salvífica de Cristo, el hombre existe sobre la tierra *con la esperanza* de la vida y de la santidad eternas"[8].

Pues bien, según el papa Benedicto XVI, el sufrimiento revela nuestra fragilidad al construir el reino del hombre y nos invita a aliviar el dolor de los demás. "Dios —la Verdad y el Amor en persona— ha querido sufrir por nosotros y con nosotros. Bernardo de Claraval acuñó la maravillosa expresión: *Impassibilis est Deus, sed non incompassibilis*, que podría traducirse de este modo: Dios no puede padecer, pero puede compadecer".

La fe cristiana nos dice que el hombre tiene un valor tan grande para Dios que se hizo hombre para poder com-padecer él mismo con el hombre. Y se compadeció de un modo muy real, en carne y sangre, como nos lo manifiesta el relato de la Pasión de Jesús. Ese relato nos dice que "la capacidad de sufrir por amor de la verdad es un

---

[8] Juan Pablo II, Carta apostólica *Salvifici doloris*, nn. 8, 15.

criterio de humanidad. No obstante, esta capacidad de sufrir depende del tipo y de la grandeza de la esperanza que llevamos dentro y sobre la que nos basamos" (SS 39).

- La tercera escuela para aprender la esperanza es *la meditación sobre el juicio final*, tantas veces representado a lo largo de la historia del arte cristiano, desde el tímpano de nuestras catedrales hasta el fresco que nos dejó Miguel Ángel en la Capilla Sixtina. La fe en el juicio de Dios sobre la historia nos recuerda la precariedad de la justicia humana y exige en nosotros la ética de la responsabilidad.

Tras un serio diálogo con los grandes pensadores de la Escuela de Frankfurt (SS 42), Benedicto XVI añade una interesante digresión sobre el Juicio:

"El Juicio de Dios es esperanza, tanto
porque es justicia, como porque es gracia.
Si fuera solamente gracia que convierte
en irrelevante todo lo que es terrenal,
Dios seguiría debiéndonos aún la respuesta
a la pregunta sobre la justicia, una pregunta
decisiva para nosotros ante la historia
y ante Dios mismo. Si fuera pura justicia,
podría ser al final solo un motivo de temor
para todos nosotros. La encarnación
de Dios en Cristo ha unido uno con
otra —juicio y gracia— de tal modo que
la justicia se establece con firmeza:
todos nosotros esperamos nuestra
salvación con temor y temblor (Flp 2,12)"
(SS 47).

 © narcea, s. a. de ediciones

ESTRELLA DEL MAR

La encíclica *Spe salvi* se cierra con una invocación a María, en la que cita el conocido himno *Ave Maris stella* (SS 59). En ella Benedicto XVI manifiesta el deseo de que la Madre de Dios y madre de nuestra esperanza, nos indique con su vida el camino hacia el Reino de la vida eterna y nos guíe en nuestro camino.

Pues bien, también el papa Francisco, tras explicar el sentido de la reconciliación y de la indulgencia, concluye la Bula de convocación del Jubileo 2025 con una hermosa referencia a la Virgen María, como estrella del mar. Considera él que el título de *Stella maris* refleja la esperanza de que, "en los borrascosos acontecimientos de la vida, la Madre de Dios viene en nuestro auxilio, nos sostiene y nos invita a confiar y a seguir esperando" (SNC 24).

Hoy puede ser un gesto profético unirnos a tantos hermanos y hermanas que a lo largo de los tiempos se han dirigido a María con esta invocación que ya el papa Benedicto XIV atribuía a san Pedro de Mezonzo, obispo de Iria Flavia-Santiago de Compostela: "Dios te salve, reina y madre de misericordia, vida, dulzura y esperanza nuestra".

La acumulación de esos cinco títulos atribuidos a María es muy sugerente. Y es también una buena pauta para nuestra oración personal y comunitaria.

La misericordia y la esperanza son las señales de nuestra Reina y Señora. Y habían de ser una buena consigna para el Jubileo del año 2025, ante el cual era inevitable la exhortación a vivir como generosos "caminantes de esperanza".

Pautas para la reflexión

~ Preguntarse si es posible en este tiempo y en nuestro ambiente tratar de presentar la educación a partir de la adhesión a las virtudes.

~ Reflexionar sobre la necesidad de valorar la compasión en un mundo que glorifica y propone la indiferencia como norma de defensa personal.

~ Pensar cómo influye la experiencia de la justicia humana a la hora de expresar nuestra fe en el juicio de Dios.

© narcea, s. a. de ediciones

ANTE EL JUBILEO DEL AÑO 2025

También el papa Francisco nos ha exhortado a caminar bajo el signo de la esperanza. En su exhortación *Gaudete et exsultate*, nos ha recordado que la meditación sobre el juicio nos revela el protocolo de las obras de misericordia, por el cual hemos de ser examinados todos los seres humanos y no solo los cristianos[1].

Como se sabe, ya en 2022, monseñor Rino Fisichella anunció que el lema del Jubileo 2025 había de ser "Peregrinos de la esperanza". Y esa es la idea que se transmite en la bula *Spes non cofundit* con la que el papa Francisco convocaba el Jubileo.

"La esperanza no defrauda" (Rom 5,5). Ese mensaje, tomado también de la carta de san Pablo a los Romanos, es el título de la Bula. En ella el papa Francisco expresa su deseo de que el Ju-

---

[1] FRANCISCO, *Gaudete et exsultate*, nn. 95, 96 y 109.

bileo "pueda ser para todos un momento de encuentro vivo y personal con el Señor Jesús, 'puerta' de salvación (cf. Jn 10,7.9); con él, a quien la Iglesia tiene la misión de anunciar siempre, en todas partes y a todos como 'nuestra esperanza' (1 Tm 1,1)" (SNC 1).

El papa Francisco no se limita a explicar la historia y el significado de un año santo, aunque no deja de recordar como un precedente la convocatoria del año santo compostelano en el lejano siglo XII.

SENTIDO Y URGENCIA DE LA ESPERANZA

Retomando el texto de san Pablo, el Papa expone el sentido de la virtud teologal de la esperanza, acompañada por la fe y la caridad:

"Justificados, entonces, por la fe, estamos
en paz con Dios, por medio de nuestro
Señor Jesucristo. Por él hemos alcanzado,
mediante la fe, la gracia en la que estamos
afianzados, y por él nos gloriamos en
la esperanza de la gloria de Dios. [...]
Y la esperanza no quedará defraudada,
porque el amor de Dios ha sido derramado
en nuestros corazones por el Espíritu Santo,
que nos ha sido dado" (Rom 5,1-2.5).

Junto a esta referencia fundamental, el papa Francisco subraya la importancia y la urgencia de anunciar y promover la esperanza frente a los dramas de la guerra, del invierno demográfico y de la

© narcea, s. a. de ediciones

explotación y destrozo de la casa común, tres temas que han atraído constantemente su atención durante todo su pontificado.

"Estamos acostumbrados a quererlo todo y de inmediato, en un mundo donde la prisa se ha convertido en una constante" (SNC 4). A lo largo de este año jubilar habrá que reflexionar sobre las necesidades de las personas y de los grupos sociales, que necesitan urgentemente el anuncio y la acción que requiere la esperanza.

En un mundo marcado por la prisa, el Papa nos exhorta a todos a reconocer la importancia de la paciencia. "La paciencia, que también es fruto del Espíritu Santo, mantiene viva la esperanza y la consolida como virtud y estilo de vida. Por tanto, aprendamos a pedir con frecuencia la gracia de la paciencia, que es hija de la esperanza y al mismo tiempo la sostiene" (SNC 4).

LOS SIGNOS DE LA ESPERANZA

El papa Francisco desea que el Jubileo sea una nueva ocasión para reavivar la esperanza. Parece muy significativo que la terminología de los "signos de los tiempos", tan conocida desde el documento con el que Juan XXIII convocaba el Concilio Vaticano II, ceda ahora el paso a una nueva situación que necesita verdaderos "signos de esperanza". Así lo expresa el Papa: "Los signos de los tiempos, que contienen el anhelo del corazón humano, necesitado de la presencia salvífica de Dios, requieren ser transformados en signos de esperanza" (SNC 7)[2].

El primer signo de esperanza deberá ser la paz para el mundo, que vuelve a encontrarse sumergido en la tragedia de la guerra, que él califica constantemente como una derrota.

Otro signo de esperanza habría de ser el amor a la vida, en un momento señalado por una preocupante disminución de la natalidad y una dramática inclinación a la cultura de la muerte.

Además, "en el año jubilar estamos llamados a ser signos tangibles de esperanza para tantos hermanos y hermanas que viven en condiciones de penuria" (SNC 10).

El Papa piensa en los presos. De hecho, propone "formas de amnistía o de condonación de la pena, orientadas a ayudar a las personas para que recuperen la confianza en sí mismas y en la sociedad". Para ofrecer a los presos un signo concreto de cercanía, afirma que desea abrir él mismo una Puerta Santa en una cárcel, "a fin de que sea para ellos un símbolo que invita a mirar al futuro con esperanza y con un renovado compromiso de vida" (SNC 10).

Por otra parte, habrá que ofrecer signos de esperanza a los enfermos, a los jóvenes, a los migrantes, exiliados, desplazados y refugiados, a los ancianos, a los pobres y a los hambrientos (SNC 13).

---

[2] Ya el papa JUAN PABLO II, en su encíclica *Evangelium vitae*, se dirigía a todos los hijos de la Iglesia, para pedirles que ofrecieran al mundo signos de esperanza (EV 6).

© narcea, s. a. de ediciones

El Papa exhorta expresamente a las naciones más ricas a condonar las deudas de los países que nunca podrán saldarlas (SNC 16).

LA IMAGEN DEL ANCLA

En la Bula de convocatoria del Jubileo 2025, el papa Francisco nos exhorta a volver a la Sagrada Escritura y sentir como dirigidas a nosotros estas palabras de la Carta a los Hebreos:

> "Nosotros, los que acudimos a él,
> nos sentimos poderosamente estimulados
> a aferrarnos a la esperanza que se nos
> ofrece. Esta esperanza que nosotros
> tenemos es como *un ancla* del alma, *sólida
> y firme*, que penetra más allá del velo,
> allí mismo donde Jesús entró por nosotros,
> como precursor" (Hb 6,18-20).

Como recordando su oración ante el azote de la pandemia del COVID-19[3], el Papa añade:

> "La imagen del ancla es sugestiva para
> comprender la estabilidad y la seguridad
> que poseemos si nos encomendamos
> al Señor Jesús, aun en medio de las aguas
> agitadas de la vida. Las tempestades nunca
> podrán prevalecer, porque estamos anclados
> en la esperanza de la gracia, que nos hace
> capaces de vivir en Cristo superando
> el pecado, el miedo y la muerte".

---

[3] FRANCISCO, Momento extraordinario de oración en tiempos de epidemia. Atrio de la Basílica de San Pedro (27.03.2020).

Con toda razón, añade que "esta esperanza, mucho más grande que las satisfacciones de cada día y que las mejoras de las condiciones de vida, nos transporta más allá de las pruebas y nos exhorta a caminar sin perder de vista la grandeza de la meta a la que hemos sido llamados, el cielo" (SNC 25). En el mismo contexto el Papa manifiesta su deseo de que el este Jubileo, caracterizado por la esperanza, que no declina, la esperanza en Dios,

"nos ayude a recuperar la confianza necesaria
–tanto en la Iglesia como en la sociedad–
en los vínculos interpersonales, en las relaciones internacionales, en la promoción de la dignidad de toda persona y en el respeto de la creación. Que el testimonio creyente pueda ser en el mundo levadura de genuina esperanza, anuncio de cielos nuevos y tierra nueva (cf. 2 P 3,13), donde habite la justicia y la concordia entre los pueblos, orientados hacia el cumplimiento de la promesa del Señor" (SNC 25).

EL ANUNCIO DE LA ESPERANZA

Por tanto, "dejémonos atraer desde ahora por la esperanza y permitamos que a través de nosotros sea contagiosa para cuantos la desean. Que nuestra vida pueda decirles: 'Espera en el Señor y sé fuerte; ten valor y espera en el Señor' (Sal 27,14). Que la fuerza de esa esperanza pueda colmar nuestro presente en la espera confiada de la venida de Nuestro Señor Jesucristo" (SNC 25).

 © narcea, s. a. de ediciones

Y que sepamos anunciar al mundo que, si nosotros esperamos al Señor, Él también nos espera a nosotros, como ha dicho el papa Francisco al principio del Jubileo:

"Jesús, el Verbo eterno de Dios hecho hombre,
es la Puerta abierta de par en par; es la Puerta abierta de par
en par que estamos invitados a pasar para redescubrir
el sentido de nuestra existencia y la sacralidad de cada
vida –cada vida es sagrada–, y para recuperar
los valores fundamentales de la familia humana.
Él nos espera en ese umbral.
Nos espera a cada uno de nosotros,
especialmente a los más frágiles.
Espera a los niños, a todos los niños que sufren por la guerra y
sufren por el hambre.
Espera a los ancianos —nuestros ancestros—,
obligados muchas veces a vivir en condiciones de soledad
y abandono.
Espera a cuantos han perdido la propia casa o huyen
de su tierra, tratando de encontrar un refugio seguro.
Espera a cuantos han perdido o no encuentran trabajo.
Espera a los encarcelados que, a pesar de todo,
son hijos de Dios,
siguen siendo hijos de Dios.
Espera a cuantos son perseguidos por su fe.
Que son muchos"[4].

---

4 FRANCISCO, *Mensaje Urbi et Orbi*, Navidad 2024 (25.12.2014).

~ Preguntarse qué puede significar para las comunidades cristianas de hoy celebrar un Jubileo bajo el signo y con el lema de "caminantes en la esperanza".

~ Reflexionar sobre la necesidad de observar los signos de los tiempos como llamadas para poner en práctica los signos de la esperanza.

~ Pensar cómo María de Nazaret puede ser considerada como una metáfora e icono de la esperanza humana en un mundo como el nuestro.

© narcea, s. a. de ediciones

Oración del Jubileo 2025

Padre que estás en el cielo,
la fe que nos has donado en
tu Hijo Jesucristo, nuestro hermano,
y la llama de caridad
infundida en nuestros corazones por el Espíritu Santo,
despierten en nosotros la bienaventurada esperanza
en la venida de tu Reino.

Tu gracia nos transforme
en dedicados cultivadores de las semillas del Evangelio
que fermenten la humanidad y el cosmos,
en espera confiada
de los cielos nuevos y de la tierra nueva,
cuando vencidas las fuerzas del mal,
se manifestará para siempre tu gloria.

La gracia del Jubileo
reavive en nosotros,
Peregrinos de Esperanza,
el anhelo de los bienes celestiales
y derrame en el mundo entero
la alegría y la paz
de nuestro Redentor.
A ti, Dios bendito eternamente,
sea la alabanza y la gloria por los siglos.
Amén.

Bibliografía

Alfaro, J., *Esperanza cristiana y liberación del hombre*, Barcelona 1972.

— *Esistenza cristiana*, Roma 1987.

Andrades, F.J.; Pena, M.A. y Galindo, a. (eds.), *Razones para vivir y razones para esperar. Homenaje al prof. Dr. José-Román Flecha Andrés*, Salamanca 2012.

Amengual, G., *Deseo, memoria y experiencia. Itinerarios del hombre a Dios*, Salamanca 2011.

Balthasar, H.U. Von, *El problema de Dios en el hombre actual*, Madrid 1966.

Bandera, A., *La Iglesia misterio de comunión en el corazón del Concilio Vaticano II*, Salamanca 1965.

Biló, M. D., *En la bienaventuranza de la espera. Esperanza y experiencia escatológica en Santa Teresa de Jesús*, Salamanca 2015.

Bordoni, M. y Ciola, N., *Jesús, nuestra esperanza. Ensayo de escatología en prospectiva trinitaria*, Salamanca 2002.

Boros, L., *Vivir de esperanza*; Estella 1971.

© narcea, s. a. de ediciones

Fabris, R. et al., *Salvati nella speranza, Commento e guida alla lettura dell'enciclica Spe salvi di Benedetto XVI*, Milano 2008.

Ferreras, G., *El trance del futuro. Ensayo de teología ante el reto de la desesperanza*, Salamanca 1973.

Flecha, J. R., *La esperanza*, Ed. CCS, Madrid 2013.

— *Virtudes para una vida buena*, Salamanca 2018.

— *Caminando en esperanza*, Secretariado Trinitario, Salamanca 2025.

Francisco, *El camino de la esperanza*, Ciudad del Vaticano 2018.

García Rojo, J. y Flecha, J. R. (coord.), *Salvados en esperanza. Comentarios a la encíclica de Benedicto XVI, Spe salvi*, Salamanca 2008.

Gesché, A., *El sentido. Dios para pensar, VII*, Salamanca 2004.

González De Cardedal, O., *Raíz de la esperanza*, Salamanca 1995.

Laín Entralgo, P., *Antropología de la esperanza*, Barcelona-Madrid 1978.

— *Creer, esperar, amar*, Barcelona 1993.

Laurentin, R., *Nouvelles dimensions de l'espérance*, Paris 1972.

Martini, C. M., *La audacia de la esperanza*, Estella 2005.

Mier, F. de, *Apuesta por lo eterno. Escatología cristiana*, Madrid 1997.

Moltmann, J., *Teología de la esperanza*, Salamanca 2006[7] (orig. 1966).

Nolan, A., *Esperanza en una época de desesperanza*, Santander 2010.

Novais, V. J., *A proposta da esperança cristã hoje. O contributo de José Román Flecha*, Lisboa 2023.

© narcea, s. a. de ediciones

PENA, M. A.; FLECHA, J. R. y GALINDO, A. (eds.), *Gozo y esperanza. Memorial Prof. Dr. Julio A. Ramos Guerreira*, Salamanca 2006.

PIEPER, J., *Esperanza e Historia*, Salamanca 1968.

RATZINGER, J., *Escatología*, Barcelona 1980.

— *La fe como camino*, Barcelona 1997.

— *Mirar a Cristo. Ejercicios de Fe, Esperanza y Amor*, Valencia 2005.

— *Obras completas, X. Resurrección y vida eterna. Contribuciones a la escatología y a la teología de la esperanza*, Madrid 2017.

RAVASI, G., *Ritorno alle virtù. La riscoperta di uno stile di vita.* Milano 2009.

RUIZ DE LA PEÑA, J. L, *La pascua de la creación. Escatología*, Madrid 2007².

SCHILLEBEECKX, E., *Dios, futuro del hombre*, Salamanca 1970.

SEBASTIÁN AGUILAR, F., *La fe que nos salva*, Salamanca 2012.

COLECCIÓN ESPIRITUALIDAD
TÍTULOS PUBLICADOS

ALBAR, L.: *Descenso a las profundidades de Dios.*

ALEGRE, J.: *La luz del silencio, camino de tu paz.*

ÁLVAREZ, E. y P.: *Te ruego que me dispenses.*

AMEZCUA, C. y GARCÍA, S.: *Oír el silencio.*

ANGELINI, G.: *Los frutos del Espíritu.*

ASI, E.: *El rostro humano de Dios.*

AVENDAÑO, J.M.ª: *Dios viene a nuestro encuentro.*

– *En tus manos. Acompañar en la enfermedad y preparar una buena muerte.*

– *La fe es sencilla.*

– *La hermosura de lo pequeño.*

BALLESTER, M.: *Hijos del viento.*

BEA, E.: *Maria Skobtsov. Madre espiritual y víctima del holocausto.*

BEESING, M.ª y otros: *El eneagrama.*

BIANCHI, E.: *Otra forma de vivir.*

BOADA, J.: *Fijos los ojos en Jesús.*

– *Mi única nostalgia.*

– *Peregrino del silencio.*

BOHIGUES, R.: *Una forma de estar en el mundo: Contemplación.*

BOSCIONE, F.: *Los gestos de Jesús. La comunicación no verbal en los Evangelios.*

BUCCELLATO, G.: *Tú eres importante para mí.*

CÀNOPI, A. M.: *¿Has dicho esto por nosotros?*

– y BALSAMO, B.: *Amor, susurro de una brisa suave.*

CARAMORE, G.: *A Dios nunca lo ha visto nadie*

CHÉNO, R.: *Al final del silencio.*

CHENU, B.: *Los discípulos de Emaús.*

CLÉMENT, O.: *Dios es simpatía.*

– *El rostro interior.*

– *Unidos en la oración.*

CUCCI, G.: *El sabor de la vida. La dimensión corporal de la experiencia espiritual.*

DANIEL-ANGE: *La plenitud de todo: el amor.*

DELFIEUX, Hno. P.-M.: *Un camino monástico en la ciudad.*

DOMEK, J.: *Respuestas que liberan.*

DEWANDELER, R.: *Espiritualidad de la duda.*

EIZAGUIRRE, J.: *Una vida sobria, honrada y religiosa.*

ESTRADÉ, M.: *Shalom Miriam.*

FERDER, F.: *Palabras hechas amistad.*

FERNÁNDEZ ARRIETA, J.Á.: *En tu presencia. Oración, consciencia y meditación*

FERNÁNDEZ BARBERÁ, C.: *La fuente que mana y corre.*

FERNÁNDEZ-PANIAGUA, J.: *Las Bienaventuranzas, una brújula para encontrar el norte.*

– *El lenguaje del amor.*

FLECHA ANDRÉS, J.R.: *De camino con María.*

– *Anclados en la esperanza.*

FORTE, B.: *La vida como vocación.*

FRANÇOIS, G. y PITAUD, B.: *El bello escándalo de la caridad. La misericordia según Madeleine Delbrêl.*

GAGO, J.L.: *Gracias, la última palabra.*

GALILEA, S.: *Tentación y discernimiento.*

– *Fascinados por su fulgor.*

GHIDELLI, C.: *Quien busca la sabiduría, la encuentra.*

GÓMEZ, C. (ed.): *El compromiso que nace de la fe.*

GÓMEZ MOLLEDA, M.ªD.: *Cristianos en la sociedad laica.*

– *Pedro Poveda, hombre de Dios.*

– *Pedro Poveda y nosotros.*

GRÁNDEZ, R. M.: *Tú eres mi canto, Jesús.*

GRÜN, A.: *Buscar a Jesús en lo cotidiano.*

– *Evangelio y psicología profunda.*

– *La mitad de la vida como tarea espiritual.*

– *La oración como encuentro.*

– *La salud como tarea espiritual.*

– *La vida no es solo para el fin de semana.*

– *Nuestras propias sombras.*

– *Nuestro Dios cercano.*

– *Si aceptas perdonarte, perdonarás.*

– *Su amor sobre nosotros.*

– *Una espiritualidad desde abajo.*

GUTIÉRREZ, A.: *Citados para un encuentro.*

HANNAN, P.: *Tú me sondeas.*

HEYES, Z.: *En casa conmigo y con Dios.*

IZUZQUIZA, D.: *Rincones de la ciudad.*

JÄGER, W.: *Contemplación.*
– *En busca del sentido de la vida.*
– *Un camino espiritual.*

JOHN DE TAIZÉ: *El Padrenuestro. Un itinerario bíblico.*
– *La novedad y el Espíritu.*

JOSSUA, J. P.: *La condición del testigo.*

JONQUIÈRES, G.: *Fitness espiritual.*

KAUFMANN, C. y MARÍN, R.: *El amor tiene nombre.*

LAFRANCE, J.: *Cuando oréis decid: Padre.*
– *El poder de la oración.*
– *El Rosario.*
– *En oración con María, la madre de Jesús.*
– *La oración del corazón.*
– *Ora a tu Padre.*

LECLERC DU SABLON, J.: *Vivir al estilo de Jesús.*

LAMBERTENGHI, G.: *La oración, medicina del alma y del cuerpo.*

LÉCU, A.; *Has cubierto mi desnudez.*

LÉCU, A., PONSOT, H. y CANDIARD, A.: *Retiros en la ciudad.*

LOEW, J.: *En la escuela de los grandes orantes.*

LÓPEZ BAEZA, A.: *La oración, aventura apasionante.*

LÓPEZ VILLANUEVA, M.: *La voz, el amigo y el fuego.*

LOUF, A.: *A merced de su gracia.*
– *El Espíritu ora en nosotros.*
– *Escuela de contemplación.*
– *Mi vida en tus manos.*

LUTHE, H. y HICKEY, M.: *Dios nos quiere alegres.*

MANCINI, C.: *Como un amigo habla a otro amigo.*
– *Escuchar entre las voces una.*
– *Libres y alegres en el Señor.*

MARIO DE CRISTO: *Dios habla en la soledad.*

MARTÍN, F.: *Rezar hoy.*

MARTÍN VELASCO, J.: *Testigos de la experiencia de la fe.*
– *Vivir la fe a la intemperie.*

MARTÍNEZ LOZANO, E.: *¿Dios hoy?*
– *Donde están las raíces.*
– *El gozo de ser persona.*
– *Nuestra cara oculta. Integración de la sombra y unificación personal.*

MARTÍNEZ MORENO, I.: *Guía para el camino espiritual.*

MARTÍNEZ OCAÑA, E.: *Buscadores de felicidad.*
– *Cuerpo espiritual.*
– *Cuando la Palabra se hace cuerpo, en cuerpo de mujer.*
– *Es tarde, pero es nuestra hora.*
– *Espiritualidad para un mundo en emergencia.*
– *Te llevo en mis entrañas dibujada.*

MARTINI, C.M.: *Cambiar el corazón.*
– *La llamada de Jesús.*

MATTA EL MESKIN: *Consejos para la oración.*

MERLOTTI, G.: *El aroma de Dios.*

MOLADA PRADAS, B.: *Viaje al interior del corazón. Palabras clave en el camino espiritual.*

MOLLÁ LLÁCER, D.: *De acompañante a acompañante.*

MONARI, L.: *La libertad cristiana, don y tarea.*

MONJE DE LA IGLESIA DE ORIENTE: *Amor sin límites.*

MORENO DE BUENAFUENTE, A.: *A la mesa del Maestro.*
– *A pie por el Evangelio.*
– *Alcanzado por la misericordia.*
– *Amor saca amor.*
– *Buscando mis amores.*
– *Como bálsamo en la herida.*
– *Desiertos.*
– *Eucaristía.*
– *Gotas de agua en sequedal.*
– *Habitados por la Palabra.*
– *Las perlas del tesoro.*
– *Palabras entrañables.*

– Te hablaré al corazón.
– Voy contigo. Acompañamiento.
– Voz arrodillada.
MOROSI, E.: ¿Cuánto falta para que amanezca?

NEVES, A: La luz que nos ilumina.

OSORO, C.: Cartas desde la fe.
– Siguiendo las huellas de Pedro Poveda.

PACOT, S.: Evangelizar lo profundo del corazón.
– ¡Vuelve a la vida!
PAGLIA, V.: De la compasión al compromiso.
PÉREZ PIÑERO, R.: Nos mereció el amor.
PÉREZ PRIETO, V.: Con cuerdas de ternura.
PLEKON, M.: El mundo como sacramento. Un camino ecuménico hacia una espiritualidad global.
POVEDA, P.: Amigos fuertes de Dios.
– Vivir como los primeros cristianos.

RAGUIN, Y.: Plenitud y vacío. El camino zen y Cristo.
RAVASI, G.: Epifanía de un misterio.
RECONDO, J.Mª.: La esperanza es un camino.
RIDRUEJO, B.M.ª: La llevaré al silencio.
RODENAS, E.: Thomas Merton, el hombre y su vida interior.
RODRÍGUEZ MARADIAGA, O.A.: Sin ética no hay desarrollo.
ROMERO HIDALGO, MªV.: Atrévete a buscar.
RUNCORN, D.: Nuestras lágrimas. Un lenguaje olvidado.
RUPP, J.: Dios compañero en la danza de la vida.
– La taza de nuestra vida.

SAINT-ARNAUD, J.-G.: ¿Dónde me quieres llevar, Señor?

SAMMARTANO, N.: Nosotros somos testigos.
SAOÛT, Y.: Fui extranjero y me acogiste.
SARTHOU-LAJUS, N.: El gesto de trasmitir.
SCARAFFIA, L. (Ed.).: Las otras misericordias.
SCARLATA, M.W.: Un nuevo Sabbat. La belleza del ritmo de Dios para la era digital.
SEGOVIA, M.ª J.: La gracia de hoy.
SEQUERI, P.A.: Sacramentos, signos de gracia.
SMITH, C.: El camino de la paradoja. La vida espiritual según el Maestro Eckhart.
SOLER, J.M.: Kyrie. El rostro de Dios amor.
STUTZ, P.: Las raíces de mi vida.

TEIXEIRA, V.A.: Por los senderos del Misterio. Rasgos antropológicos y retos contemporáneos de la espiritualidad.
TEPEDINO, A.M.ª: Las discípulas de Jesús.
TOLENTINO, J.: El hipopótamo de Dios.
TOLÍN, A.: De la montaña al llano.
– Seguirle por el camino con Simón Pedro.
TRIVIÑO, M.ªV.: La oración de inter-cesión.

URBIETA, J.R.: Treinta gotas de Evangelio.

VAL, M.ªT.: Orantes desde el amanecer.
VALLEJO, V.: Coaching y espiritualidad.
VEGA, M.: Contemplación y Psicología.
VILAR, E.: Dios te necesita para vivir en intimidad contigo.
– La misericordia de Dios sana.
– La oración de contemplación en la vida normal de un cristiano.

WELCH, S.: Conscientes y atentos.
WIEDERKEHR, M.: Las siete pausas sagradas.
WOLF, N.: Siete pilares para la felicidad.
WONS, K.: Sanar el corazón.

ZUERCHER, S.: La espiritualidad del eneagrama.